Reichsgerichts-Entscheidungen

in kurzen Auszügen

Herausgegeben vom

Deutschen Richterbund

Strafsachen — Band 66

1 9 3 3

München, Berlin und Leipzig

J. Schweitzer Verlag (Arthur Sellier).

Printed in Germany

Druck von Dr. F. P. Datterer & Cie., Freising-München

Von dieser Sammlung erschienen folgende Bändchen:

I. Zivilsachen:	Bd. 76—100	. . .	je RM.	0.80
	„ 101—130	. . .	je RM.	1.—
	„ 131—136	. . .	je RM.	2.—
Serien:	„ 76—136	mit 2 Reg. 83–119 120–130	zus. RM.	61.—
	„ 81—136		zus. RM.	58.—
	„ 91—136		zus. RM.	51.—
	„ 101—136		zus. RM.	44.—
	„ 111—136		zus. RM.	35.—
Gesamtregister zu	Bd. 83—119	. . . .	RM.	6.—
Gesamtregister zu	Bd. 120—130	. . . .	RM.	1.80
II. Strafsachen:	Bd. 45—55	. . .	je RM.	0.80
	„ 56—60	. . .	je RM.	1.—
	„ 61—66	. . .	je RM.	2.—

Serie: Bd. 45—66 mit Ges.-Reg. zu Bd. 45—60 zus. RM. 25.—

Gesamtregister zu Band 45—60 . . . . RM. 3.70

Jedes Bändchen entspricht einem Bande der amtlichen Sammlung.

1. Beleidigung. Wahrnehmung berechtigter Interessen. Öffentlichkeit. Anzeige. Beschwerde. Tateinheit. Urteilsbegründung. Bezugnahme. (StGB. §§ 73, 74, 185, 186, 193; StPO. § 267.) In einer Eingabe an die Reichsbahndirektion wurden drei Reichsbahnbeamte mehrfacher Durchstechereien beschuldigt. Der Urheber wurde wegen drei Vergehen der Beleidigung verurteilt. Das Reichsgericht verwies die Sache zurück. Das Berufungsgericht war davon ausgegangen, daß ein berechtigtes Interesse jedes Staatsbürgers anzuerkennen ist, strafbare Handlungen und Verfehlungen von Beamten, auch wenn sie nicht ihn selbst oder ihm nahestehende Personen betreffen, bei den zuständigen Behörden anzuzeigen. Das Interesse des Staates an der Verwirklichung seiner Rechtsordnung und demgemäß an der Verfolgung strafbarer Handlungen berührt jeden Einzelnen; die Wahrnehmung dieses Interesses ist daher für jedermann berechtigt. Gleichwohl war dem Angeklagten der Schutz des § 193 StGB. verweigert worden, weil er die Voraussetzung, daß die Anzeige erst nach genauer Prüfung der Richtigkeit erstattet werden dürfe, nicht erfüllt habe. Auch das Reichsgericht hob hervor, daß in der Regel eine Interessenwahrung dann nicht als berechtigt anerkannt werden könne, wenn jemand zur Wahrung der eigenen Interessen den Anforderungen von Recht und Sittlichkeit zuwider leichtfertig, nur auf haltlose Vermutungen hin, durch die Behauptung unwahrer Tatsachen die Ehre eines anderen gröblich verletze. Das gilt besonders dann, wenn diese Behauptungen öffentlich erhoben und dadurch einem unbestimmt großen Kreis von Personen zugänglich gemacht werden, die nicht in der Lage sind, diese Beschuldigungen nachzuprüfen und sich ein eigenes Urteil darüber zu bilden. Wesentlich verschieden liegen aber die Verhältnisse bei Beschuldigungen, die in Anzeigen an die mit der Strafverfolgung betrauten Behörden oder, wenn es sich um Verfehlungen von Beamten handelt, an die für die Untersuchung zuständigen Stellen erhoben werden. Vor allem ist das Interesse der Allgemeinheit an der Aufrechterhaltung der Rechtsordnung und insbesondere auch an der Reinhaltung des Beamtentums von unlauteren Personen besonders stark; außerdem gelangen die Anschuldigungen nur an Personen, die sich ein eigenes Urteil zu bilden vermögen und dazu auch verpflichtet sind. Dem Antragsteller wird oft die Möglichkeit einer eigenen Nachprüfung der Tatsachen fehlen und die Anzeige an die zuständige Stelle wird häufig für ihn der geeignetste Weg sein, die von ihm für nötig gehaltene Aufklärung herbeizuführen. Aber auch das öffentliche Interesse kann erfordern, daß eine amtliche Untersuchung eingeleitet wird, wenn ein nicht sogleich als unhaltbar sich erweisender Verdacht auftaucht und Beunruhigung über die Verhältnisse des öffentlichen Lebens hervorruft. Mit der Einleitung einer solchen Untersuchung kann auch das Ziel verfolgt werden, dem Verdacht den Boden zu entziehen und damit das durch ihn entstandene Mißtrauen zu beseitigen. Bei Anzeigen an Behörden wird also die Interessenabwägung seltener dazu führen, daß die Wahrnehmung berechtigter Interessen zu verneinen ist; das auch dann, wenn neben dem Wunsch, berechtigten Interessen zu dienen, auch unedle Beweggründe mitgewirkt haben. Im wesentlichen hat hier das tatrichterliche Ermessen zu entscheiden. Bedenklich erschien dem Reichsgericht auch die Annahme einer Tatmehrheit. Anschuldigungen, die Beleidigungen verschiedener Personen darstellen, können nicht ohne weiteres zu einer strafrechtlichen Einheit zusammengefaßt werden. Wenn in einem Schriftstück mehrere Personen beleidigt sind, können diese Beleidigungen selbständige Taten darstellen, wenn sie an verschiedenen Stellen des Schriftstücks sich finden und nur in losem Zusammenhang stehen. Anderseits können Beleidigungen mehrerer Personen in einem Schriftstück durch ihren inhaltlichen Zusammenhang, durch ihre Fassung oder durch beide so eng verbunden sein, daß sie nach der natürlichen Auffassung als eine einzige Tat erscheinen. Wenn ein gegen eine Person erhobener Vorwurf zugleich einen solchen gegen eine zweite Person enthält, wird nach der natürlichen Auffassung nur eine einzige Tat angenommen werden dürfen; wenn in fortgesetzter Handlung ein Vorwurf gegen eine dieser beiden Personen vorgebracht wird, der zugleich eine dritte Person trifft, wird durch den Fortsetzungszusammenhang die ganze, alle drei Personen betreffende Tat zu einer Einheit zusammengefaßt. Der Inhalt der Eingabe war im Urteil nicht genau wiedergegeben, vielmehr war auf eine Aktenstelle verwiesen. Eine solche Bezugnahme ist unzulässig; das Urteil war also nicht gesetzesmäßig begründet und es konnte nicht geprüft werden, ob nicht das Berufungsgericht bei seiner Beurteilung gefehlt hatte. (II, 12. Oktober 1931.)

Amtl. Sammlg. S. 1—5.

Vgl. Bd. 44 S. 229; Bd. 57 S. 163; Bd. 61 S. 400; Bd. 62 S. 83, 216; Bd. 63 S. 92.

2. **Verantwortlicher Schriftleiter. Strohmann. Bedingter Vorsatz. Mittelbare Täterschaft.** (PreßG. §§ 20, 21.) Gegen eine Zeitung waren zahlreiche Strafverfahren wegen Verfehlungen gegen das Republikschutzgesetz und Beleidigung eingeleitet worden. Um dem für die Zukunft entgegenzuwirken, übernahm ein Reichstagsabgeordneter nach außen hin die verantwortliche Schriftleitung; im übrigen kümmerte er sich um die Arbeit nicht. Das Reichsgericht entschied, daß er nicht als Schriftleiter anzusehen sei. Wer sich zum Schriftleiter ausschließlich zu dem Zweck bestellt, damit die strafrechtliche Verantwortung auf sich zu nehmen, in Wirklichkeit aber die gesamte Schriftleitung einem anderen überläßt, und zwar nicht nur gelegentlich und vorübergehend, sondern ein für allemal, der ist nicht Schriftleiter. Auf ihn finden nicht die Vorschriften des Pressegesetzes Anwendung, sondern seine Verantwortung für eine durch die Zeitung begangene strafbare Handlung richtet sich nach den allgemeinen strafrechtlichen Grundsätzen. Das Schwurgericht hatte angenommen, daß hinsichtlich der unter Anklage stehenden Aufsätze bedingter Vorsatz des Angeklagten vorgelegen habe; er habe bei der Übernahme der Schriftleitung gewußt, daß seine Immunität nur dazu benützt würde, künftig noch schärfere Aufsätze als bisher erscheinen zu lassen. Ein so unbestimmter bedingter Vorsatz begründet aber keine strafrechtliche Verantwortlichkeit. Eine mittelbare Täterschaft (oder Beihilfe) kann vielmehr nur dann angenommen werden, wenn sich der Handelnde den Erfolg seines Tuns wenigstens mit einer gewissen Bestimmtheit vorstellt, mag er auch über die näheren Einzelheiten der künftigen Ereignisse nur unklare oder gar keine Vorstellungen haben. So ist der Schriftleiter einer Tageszeitung, die während seiner Abwesenheit Aufsätze mit dem Ziel einer Zersetzung der Polizei gebracht hatte, für verantwortlich angesehen worden, weil er damit gerechnet hatte, daß während seiner Abwesenheit gerade solche Artikel erscheinen würden. Mög-

licherweise hatte im vorliegenden Fall der Vorsatz nachträglich eine größere Bestimmtheit erlangt; wenn während der Zeit, da der Angeklagte verantwortlich zeichnete, Aufsätze der Art erschienen waren, wie sie unter Anklage standen, und der Angeklagte weiterhin seinen Namen für die Schriftleitung hergab, war es wohl möglich, daß er eine hinlänglich bestimmte Vorstellung von dem Inhalt dessen hatte, was dann in diesen Aufsätzen zur Tat wurde. (I, 3. November 1931.) Amtl. Sammlg. S. 5—8. Vgl. Bd. 27 S. 246, 251; Bd. 31 S. 211, 217; Bd. 58 S. 244.

3. **Urteilsbegründung. Bezugnahme.** (StPO. § 267.) In dem Urteil des Berufungsgerichts war ausgeführt, daß die Hauptverhandlung im wesentlichen den gleichen Sachverhalt ergeben habe wie vor dem Schöffengericht; zum Zwecke der Sachdarstellung wurde auf die Gründe des Urteils des Schöffengerichts Bezug genommen, soweit sich nicht aus dem Nachfolgendem Ergänzungen ergaben. Das erklärte das Reichsgericht für unzulässig. Die Vorschrift, daß die Urteilsgründe die maßgeblichen Tatsachen angeben müssen, ist zwingend. Eine Verweisung auf andere Aktenstellen, wie sie im Zivilprozeß zulässig ist, kennt der Strafprozeß nicht. Eine Ausnahme ist nur anerkannt für die Urteile der Berufungsgerichte; in diesen darf auf die Gründe des ersten Urteils Bezug genommen werden. Voraussetzung hiefür ist aber, daß genau und zweifelsfrei angegeben wird, in welchem Umfang das Berufungsgericht die tatsächlichen und rechtlichen Ausführungen des ersten Urteils für zutreffend erachtet und übernimmt. Die gesamte Feststellung darf nicht unsicher gestaltet werden. Das war im vorliegenden Fall geschehen. Unklar war schon die Wendung, die neue Hauptverhandlung habe im wesentlichen einen Sachverhalt ergeben wie die frühere; damit war nicht klargestellt, welche Teile der Feststellungen des Schöffengerichts vom Berufungsgericht als unwesentlich angesehen und darum in die Bezugnahme nicht aufgenommen worden waren. Vor allem ging es nicht an, ganz allgemein auf die Sachdarstellung zu verweisen, weil die Strafprozeßordnung nicht, wie die Zivilprozeßordnung, eine Trennung von Tatbestand und Entscheidungsgründen kennt, vielmehr ausdrücklich vorschreibt, daß die Tatsachen angegeben werden müssen, in denen die gesetz-

lichen Merkmale der strafbaren Handlung gefunden werden, somit schon in der Sachdarstellung ein Teil der Rechtsauffassung wiedergegeben werden soll und sich deshalb eine reinliche Scheidung zwischen den tatsächlichen Feststellungen und den Rechtsausführungen in einem Strafurteil im allgemeinen nicht finden wird. Wenn eine Übereinstimmung in tatsächlicher Beziehung vorlag, hätte nicht auf den Sachverhalt, sondern auf die genau angegebenen Stellen des ersten Urteils Bezug genommen werden müssen, welche die übernommenen tatsächlichen Feststellungen wiedergaben. Unzulässig war es weiter, auf Teile des ersten Urteils mit der Einschränkung zu verweisen, soweit sich aus dem Nachfolgenden Ergänzungen ergaben. Damit wurde die Beurteilung, welche Angaben das erste Urteil ergänzen sollten, dem Leser überlassen, während eine genaue, jeden Zweifel ausschließende Erklärung hierüber Aufgabe des Gerichts ist. Solche Bezugnahmen sind eine Ausnahme von der sonst unbedingt für den Strafprozeß geltenden Regel, daß jedes Urteil von sich heraus verständlich sein soll. Sie dürfen die Gewinnung eines Gesamtbildes nicht dadurch erschweren oder unmöglich machen, daß der Leser sich erst die einzelnen Teile aus beiden Urteilen zusammenstellen muß. (II, 9. November 1931.) Amtl. Sammlg. S. 8—10.

Bd. 59 S. 78, 427; Bd. 62 S. 216.

4. Ablehnung eines Richters. Revisionsbegründung. (StPO. §§ 24, 344.) Ein verhafteter Angeklagter hatte verlangt, daß ihm die Richter bekanntgegeben würden, die in der Hauptverhandlung mitzuwirken hätten. Das war geschehen; nachträglich war aber ein Wechsel vorgenommen worden, ohne daß er dem Angeklagten bekanntgegeben wurde. Das führte zur Aufhebung des Urteils. Es war mit der Möglichkeit zu rechnen, daß der Angeklagte bei Kenntnis des Wechsels den neu eingetretenen Richter mit Erfolg abgelehnt hätte. Daß ein die Ablehnung rechtfertigender Grund nicht vorlag, ließ sich nicht mit Sicherheit sagen; in der Revision waren die Gründe, die für die Ablehnung vorgebracht worden wären, nicht angegeben. Das machte die Revision nicht unvollständig; diese brauchte nichts weiter zu enthalten als die Tatsachen, aus denen sich ein Mangel des Verfahrens ergab, also hier die Tatsache, daß in der Verhandlung ein Richter mitwirkte, dessen

Name dem Angeklagten trotz seines Verlangens vorher nicht mitgeteilt worden war. (I, 13. November 1931.)

Amtl. Sammlg. S. 10—11.

5. Waffenmißbrauch. Erwerb und Führen von Schußwaffen. Bewaffnetes Erscheinen. Notwehr. Politischer Zweck. (StGB. §§ 53, 59; SchußwG. §§ 15, 25; Waff.-VO. § 3.) Nationalsozialisten hatten sich zum Zwecke der Unterhaltung in einer Wirtschaft, die ihr Parteilokal war, versammelt. Vor der Wirtschaft kam es zu einem Streit mit Kommunisten; mehrere Nationalsozialisten eilten hinaus, um ihren Parteifreunden zu helfen. Einer von diesen wurde wegen Erwerbs und Führens einer Schußwaffe verurteilt. Die Revision des Staatsanwalts wie jene des Angeklagten wurden teilweise als berechtigt anerkannt. Das Urteil hatte angenommen, daß der Angeklagte weder in der Wirtschaft noch auf der Straße gemeinsam mit anderen zu politischen Zwecken erschienen sei. Das erklärte das Reichsgericht als den getroffenen Feststellungen nicht entsprechend. Mochte auch der Aufenthalt in der Wirtschaft rein geselliger Natur sein, so konnte er doch ein gemeinsames Erscheinen mit anderen zu politischen Zwecken darstellen; wenn der Angeklagte in dem Parteilokal der Nationalsozialisten die Geselligkeit mit Gesinnungsgenossen zur Förderung der Parteizusammengehörigkeit pflog, erschien er dort gemeinsam mit diesen zu politischen Zwecken. Ebenso konnte in seinem weiteren Verhalten ein gemeinsames Erscheinen auf der Straße zu politischen Zwecken gefunden werden; das war schon dann der Fall, wenn das Bestreben, den Parteifreunden als solchen im Kampf gegen die Kommunisten zu helfen, auch nur einen der Beweggründe der hinauseilenden Nationalsozialisten bildete. Zu prüfen war aber, ob der Angeklagte nicht zum mindesten in vermeintlicher Notwehr handelte; wenn er dann über bloße Notwehrhandlungen hinausging, machte das sein bewaffnetes Erscheinen auf der Straße nicht als solches strafbar. Für die neue Verhandlung gab das Reichsgericht folgenden Grundsatz für die Auslegung des § 3 VO. vom 25. Juli 1930: Die politischen Zwecke des Erscheinens an öffentlichen Orten brauchen nicht nach außen hervorzutreten. Auch die Waffe braucht nicht sichtbar getragen zu werden. Das ergibt sich nicht aus der Wendung „bewaffnetes Erscheinen"; diese bedeutet nichts anderes als anwesend sein in einer Weise, daß man an dem betreffenden Orte sichtbar wird, nicht aber, daß die Zwecke, zu denen man dort erscheint, sichtbar werden müssen. Die Gefahren, denen vorgebeugt werden soll, drohen eher mehr als weniger, wenn der politische Zweck verborgen gehalten wird. (I, 17. November 1931.)

Amtl. Sammlg. S. 11—14.
Vgl. Bd. 44 S. 140, Bd. 65 S. 278.

6. **Fragerecht.** (StPO. §41.) Das Schwurgericht hatte verschiedene Fragen zurückgewiesen, die nur aus politischen Gründen gestellt worden waren, zur Gestaltung der abzuurteilenden Sache aber nicht beitragen konnten. Das Reichsgericht billigte das und stellte folgenden Grundsatz auf: Je rücksichtsloser parteipolitischer Eifer sich bemüht, die Verhandlungen von Strafsachen zum Schaden der Gegenpartei auszunützen, um so sorgfältiger muß das Gericht darauf bedacht sein, daß die Beweisaufnahme auf das beschränkt wird, was die Sachgestaltung fördert. Es schuldet die tatkräftige Wahrung dieser Grenzen der einzelnen Sache, deren Aufklärung durch die Einmischung eines fremden Stoffes beeinträchtigt würde, der Rechtspflege, deren Ansehen einer empfindlichen Einbuße ausgesetzt wäre, wenn sie sich im Kampf der politischen Parteien untereinander mißbrauchen ließe, und der öffentlichen Ordnung und Sicherheit, die lästige und gefährliche Störungen aus dem Eindringen der parteipolitischen Aufstachelung in der öffentlichen Verhandlung zu erwarten hätte. Das Strafverfahren darf von den Prozeßbeteiligten nicht zu unlauteren Nebenzwecken mißbraucht werden; es muß Mittel geben, um Beweisaufnahmen zu verhüten, die nur dem Zweck dienen, Aufsehen zu erregen, für irgendeine Einrichtung, einen Geschäftsbetrieb oder eine Partei zu werben oder dritten Personen Unannehmlichkeiten zu bereiten und sie vor der Öffentlichkeit bloßzustellen. (II, 19. November 1931.)

Amtl. Sammlg. S. 14—15.
Vgl. Bd. 65 S. 304.

7. **Unlauterer Wettbewerb. Bestechung.** (UnlWG. § 12.) Ein Papierlieferant eines Zeitungsverlags ließ einem Angestellten des Verlags, der über Papierlieferungen zu bestimmen hatte, ein Geschenk zukommen. Dieser wurde wegen Bestechung verurteilt. Das Reichsgericht ver-

warf seine Revision. Allerdings liegt in dem Bestreben eines Kaufmanns, sich seinen bisherigen Kundenkreis zu erhalten, an sich nichts, was gegen Anstand und gute Sitte im geschäftlichen Wettbewerb verstieße; das ist übrigens auch beim weitergehenden Bemühen der Fall, den bisherigen Kundenkreis zu erweitern, obwohl das in der Regel nicht anders als auf Kosten der Mitbewerber verwirklicht werden kann. Demgemäß war es grundsätzlich nicht zu beanstanden, wenn ein Kaufmann den Angestellten einer Firma, die bisher von ihm Waren bezogen hat, dahin zu beeinflussen sucht, daß dies auch in Zukunft geschehe, und wenn der Angestellte einer solchen Einwirkung nachgibt. Aber diese Regel schließt nicht aus, daß die Verfolgung dieser an sich berechtigten Ziele und die dazu gewährte, als solche ebenfalls nicht tadelnswerte Mitwirkung des Angestellten im Einzelfall dennoch auf Grund besonderer Umstände nach den Anschauungen der gerecht und billig denkenden Mitbewerber gegen die Grundsätze und Anforderungen des redlichen Verkehrs verstößt. Als ein solcher Umstand ist es insbesondere anzusehen, wenn der Kaufmann zur Erreichung seines für sich betrachtet einwandfreien Zweckes einen Weg beschreitet, den der ehrbare Kaufmann als unzulässig und sittenwidrig von sich weist. Der ehrbare Kaufmann verwirft aber für den Regelfall allgemein jeden Versuch, beim Kampf um die Aufträge einer Firma seine Mitbewerber anstatt durch die Vorzüge der Ware, durch günstigere Preisgestaltung, durch geschickte Reklame u. dergl. allein durch Bestechung eines Angestellten dieser Firma aus dem Feld zu schlagen. Dem Angestellten, dem zu einem solchen Zweck eine Zuwendung angeboten oder gewährt wird, wird damit ein unlauteres Verhalten zugemutet. Durch die Annahme der Zuwendung soll und wird er sich dem Geber verpflichtet fühlen und sich innerlich gedrängt sehen, dessen bei der Zuwendung gehegte Erwartungen nicht zu enttäuschen. Dadurch aber und durch den verständlichen Wunsch, den ihm gewährten oder in Aussicht gestellten leichten Gewinn nicht einzubüßen, wird er leicht der Versuchung anheimfallen, sich bei der Auswahl unter den eingegangenen Angeboten sämtlicher Mitbewerber bewußt oder unbewußt anstatt von sachlichen Erwägungen allein oder doch jedenfalls wesentlich mit von der Rücksicht auf die ihm gewährte

Zuwendung leiten zu lassen. Infolge davon werden wieder die übrigen Mitbewerber, sobald sie die Sachlage erfahren oder auch nur argwöhnen, vor die Frage gestellt, ob sie von vorneherein auf jede Aussicht, ihre Angebote berücksichtigt zu sehen, verzichten oder zu demselben verwerflichen Mittel greifen, vielleicht noch höhere Zuwendungen an den Angestellten machen sollen. Es ist ein unlauteres Verhalten, wenn ein Angestellter die dargelegten Folgen in den Kauf nimmt, nur um sich selbst einen wirtschaftlichen Vorteil auf Kosten anderer herauszuschlagen. Hieran ändert es allein noch nichts, wenn der Angestellte durch die Zuwendungen nur veranlaßt werden soll, bei der künftigen Verteilung der Lieferungsaufträge den Geber im gleichen Umfang wie bisher zu berücksichtigen. Es genügt, daß bei der Zuwendung mit der Möglichkeit einer ungünstigen Änderung der Sachlage gerechnet wird und die Absicht dahin geht, eine solche Möglichkeit durch die Zuwendung auszuschließen. (II, 19. November 1931.) Amtl. Sammlg. S. 16—19.

8. **Sammelstraftat. Gewerbsmäßiges Vergehen. Rechtshängigkeit. Verbrauch der Strafklage. Ne bis in idem.** (StGB. § 218; StPO. §§ 264, 265, 266.) Gegen einen Arzt wurde wegen zweier Vergehen der Abtreibung das Hauptverfahren vor dem Schöffengericht eröffnet. Ehe das Verfahren erledigt war, wurde gegen ihn auch vor dem Schwurgericht das Hauptverfahren wegen zweier Vergehen der gewerbsmäßigen Abtreibung eröffnet. In der Verhandlung vor dem Schwurgericht wurden auch die vor dem Schöffengericht anhängigen Fälle erörtert; eine Verbindung der Sachen unterblieb. Das Schwurgericht erkannte auf Freisprechung. Vom Schöffengericht wurde der Angeklagte in einem Fall freigesprochen, im anderen verurteilt. Das Berufungsgericht erhöhte die Strafe. Die Revision des Angeklagten wurde verworfen. Der in der Strafprozeßordnung nicht ausdrücklich ausgesprochene, aber aus verschiedenen Vorschriften, besonders jenen über Wiederaufnahme des Verfahrens folgende Grundsatz „Ne bis in idem" bedeutet, daß durch eine Sachentscheidung, die rechtskräftig geworden ist, das Strafklagerecht bezüglich derselben Straftat gegen dieselben Personen verbraucht ist, daß also hiewegen eine neue Strafklage nicht erhoben und ein neues Sachurteil nicht erlassen werden

kann. Wann die neu zu beurteilende Tat als dieselbe Tat anzusehen ist, die durch das frühere Urteil erledigt wurde, bestimmt sich nach den Vorschriften der §§ 264, 266 St.-PO. Nach § 264 StPO. ist Gegenstand der Urteilsfindung die in der Anklage bezeichnete Tat, wie sie sich nach dem Ergebnis der Verhandlung darstellt. In tatsächlicher Hinsicht darf also das Gericht nur über das durch den Eröffnungsbeschluß bei ihm anhängig gewordene geschichtliche Vorkommnis urteilen, während es in der rechtlichen Beurteilung dieses geschichtlichen Vorkommnisses an die Beurteilung der Tat, die dem Eröffnungsbeschluß zugrundeliegt, nicht gebunden ist. Unter dem geschichtlichen Vorkommnis sind nicht nur die einzelnen im Eröffnungsbeschluß hervorgehobenen Betätigungen zu verstehen, sondern das ganze Tun des Angeklagten, das sich dem Gericht nach dem Ergebnis der Verhandlung als einheitlicher Vorgang darstellt. Das ist besonders bei den sog. Sammelstraftaten (den gewerbsmäßigen, geschäftsmäßigen, gewohnheitsmäßigen Verbrechen) von Bedeutung, bei denen sich schon aus der Fassung der einschlägigen Bestimmungen ergibt, daß eine Mehrheit von einzelnen Willensbetätigungen, die aus derselben Willensrichtung hervorgegangen sind, als einheitlicher Vorgang beurteilt werden soll. So wird bei dem gewerbsmäßigen Verbrechen die Einheit hergestellt durch die Absicht des Täters, sich durch wiederholte Begehung des Verbrechens eine Einnahmequelle zu verschaffen. Ist wegen einer gewerbsmäßigen Straftat Anklage erhoben, so umfaßt der Eröffnungsbeschluß von selbst sämtliche Handlungen, in denen gewerbsmäßige Tätigkeit des Angeklagten gefunden werden kann. Das Gericht ist berechtigt und verpflichtet, auch solche im Eröffnungsbeschluß nicht erwähnte Handlungen, die den Charakter der Gewerbsmäßigkeit an sich tragen, zum Gegenstand der Verhandlung und Urteilsfindung zu machen. Das gilt auch für solche Einzelhandlungen, die bereits als solche (ohne Berücksichtigung des Gesichtspunkts der Gewerbsmäßigkeit) vor demselben oder einem anderen Gericht in einem besonderen Verfahren rechtshängig geworden sind, gleichviel, ob sie in der Anklage wegen gewerbsmäßigen Verbrechens ausdrücklich mit erwähnt sind oder nicht. Eine anhängige Strafklage wegen einer gewerbsmäßigen Straftat begründet die Einrede der

Rechtshängigkeit gegenüber der Verfolgung eines von ihr umfaßten Einzelfalls, aber nicht umgekehrt. Die Natur der Sammelstraftat erfordert die einheitliche Aburteilung aller einschlägigen Einzelhandlungen; es ist unzulässig, einzelne dieser Fälle auszuschließen und einer späteren Aburteilung vorzubehalten. Aus demselben Grunde ist die Einbeziehung anderweitig anhängiger Einzelhandlungen in das Verfahren wegen der gewerbsmäßigen Straftat geboten. Da aber bei der Sammelstraftat die Einheit nur durch die einheitliche Willensrichtung, durch das Band der Gewerbsmäßigkeit, Geschäftsmäßigkeit, Gewohnheitsmäßigkeit hergestellt wird, stehen die einzelnen Fälle auch rechtlich als selbständige Handlungen da, wenn und soweit das einigende Band entfällt. Beim gewerbsmäßigen Verbrechen ist noch zu beachten, daß in demselben Zeitraum neben mehreren, durch die Absicht gewerbsmäßiger Begehung zusammengefaßten Einzelhandlungen auch die eine oder andere gleichartige Handlung ohne jene Absicht vollzogen werden kann, so etwa, wenn ein gewerbsmäßiger Abtreiber einmal aus Gutmütigkeit eine Abtreibung unentgeltlich ausführt. Ein Gericht, bei dem eine Anklage wegen eines gewerbsmäßigen Verbrechens anhängig ist, muß hienach alle seiner Kenntnis zugänglichen Einzelhandlungen, die sich möglicherweise als Verwirklichungen der Absicht gewerbsmäßiger Begehung darstellen können, zur Prüfung heranziehen. Durch diese Heranziehung allein werden aber diese Einzelhandlungen noch nicht bei jenem Gericht anhängig, ebensowenig, wie ein durch rechtskräftige Freisprechung erledigter Einzelfall, der als Beweisgrund für das Vorhandensein der Gewerbsmäßigkeit herangezogen wird, hierdurch nochmals rechtshängig wird. Führt die Verhandlung zu dem Ergebnis, daß die in der Anklage wegen gewerbsmäßigen Vergehens erwähnten Einzelfälle entweder überhaupt nicht erweislich oder nicht als gewerbsmäßige Straftaten zu beurteilen sind und daß auch die zur Prüfung herangezogenen sonstigen Einzelhandlungen keinesfalls als Verwirklichung einer Absicht gewerbsmäßiger Begehung aufgefaßt werden können, so bilden nur die in der Anklage bezeichneten einzelnen geschichtlichen Vorkommnisse den Gegenstand der Untersuchung und Entscheidung; über die sonstigen Einzelfälle kann beim Wegfall des einigenden Bandes nicht mitentschieden werden, soferne nicht die Voraussetzungen des § 266 StPO. erfüllt sind. Von dem Verfahren vor dem Schwurgericht waren also auch die vor dem Schöffengerichte anhängig gemachten Fälle umfaßt worden, wenn erweislich gewesen wäre, daß die Absicht der Gewerbsmäßigkeit sich auf sie erstreckt hätte. Das Schwurgericht mußte daher zunächst auch diese Fälle ins Auge fassen. Nachdem aber die Verhandlung ergeben hatte, daß die in der Anklage wegen gewerbsmäßiger Abtreibung erwähnten Fälle überhaupt nicht erweislich waren und die beim Schöffengericht anhängigen Fälle keinesfalls als Verwirklichungen einer auf gewerbsmäßige Begehung gerichteten Absicht beurteilt werden konnten, daß also das einigende Band der Gewerbsmäßigkeit nicht mehr in Frage kam, mußte das Schwurgericht sich auf die Freisprechung hinsichtlich der bei ihm anhängig gemachten Fälle beschränken und die beim Schöffengericht anhängigen Fälle diesem zur Erledigung überlassen. Die Gründe des Urteils lassen unzweifelhaft erkennen, daß es über die beim Schöffengericht anhängigen Fälle nicht entscheiden wollte. Demgemäß war auch die Strafklage hinsichtlich dieser Fälle nicht verbraucht. Ist in einem früheren Verfahren rechtskräftig auf Verurteilung wegen einer Sammelstraftat erkannt worden, so sind alle bis zum Tage der Aburteilung begangenen Einzelfälle, die gemäß § 264 StPO. unter dem Gesichtspunkt des gewerbsmäßigen Handelns in den Kreis der Entscheidung hätten gezogen werden können, durch das Urteil erledigt, gleichviel, ob der frühere Richter sie gekannt hat oder nicht. Ist aber in dem früheren Verfahren, in dem eine Sammelstraftat den Gegenstand der Anklage bildete, rechtskräftig auf Freisprechung oder unter Verneinung des Merkmals der Gewerbsmäßigkeit nur auf Verurteilung wegen einfacher Straftaten erkannt, so tritt der Verbrauch der Strafklage nur hinsichtlich der in der früheren Anklage vorgebrachten und zum Gegenstand der Aburteilung gemachten Einzelfälle ein; der Verurteilung wegen eines oder mehrerer anderer Einzelfälle steht ein solches Urteil nicht entgegen. Auch eine spätere Verurteilung wegen einer Sammelstraftat, die sich aus mehreren vor dem früheren Urteil begangenen Einzelhandlungen zusammensetzt, ist zum mindesten dann nicht ausgeschlossen, wenn die im früheren Urteil erkannte Freisprechung wegen Nichterweislichkeit der Täterschaft geschehen und damit die Frage der Gewerbsmäßigkeit gegenstandslos geworden war. Wenn das Schöffengericht in den bei ihm anhängigen Fällen ein Verbrechen der gewerbsmäßigen Abtreibung gefunden hätte, wäre die Sache an das Schwurgericht zu verweisen gewesen; dieses wäre nicht gehindert gewesen, den Angeklagten wegen eines aus diesen beiden Fällen bestehenden Verbrechens der gewerbsmäßigen Abtreibung zu verurteilen. (I, 24. November 1931.)

Amtl. Sammlg. S. 19—27.

Vgl. Bd. 7 S. 32, 229; Bd. 23 S. 230; Bd. 24 S. 243, 419; Bd. 31 S. 286; Bd. 33 S. 11, 303; Bd. 41 S. 108; Bd. 47 S. 397; Bd. 49 S. 272; Bd. 51 S. 241, 253; Bd. 54 S. 333; Bd. 56 S. 324; Bd. 61 S. 147.

9. **Augenschein. Beratung am Tatort.** (StPO. §§ 226, 230, 261, 338). In einem Hauptverfahren wegen fahrlässiger Tötung, die durch falsche Lenkung eines Kraftwagens auf einer Landstraße verursacht worden sein sollte, nahm das Gericht einen Augenschein am Tatort ein und hielt auch dort die Beratung ab. Das führte zur Aufhebung des Urteils. Es steht allerdings dem Gericht frei, bewegliche Sachen, die in der Verhandlung vorgezeigt worden sind, nachher in das Beratungszimmer bringen zu lassen, um sie während der Beratung nochmals anzusehen; diese Sachen sind regelmäßig keiner Veränderung ausgesetzt, die geeignet wäre, bei der Beratung eine andere Beweiswirkung als in der Verhandlung auszuüben. Die Unveränderlichkeit fehlt dagegen, wenn das Gericht, an den Tatort tretend, dort den Eindruck von neuem auf sich wirken läßt, der von einem Teil der Landoberfläche und den darauf befindlichen unbeweglichen und beweglichen Sachen ausgeht. Jeder Wechsel im Standort des Beschauers verschiebt das Bild. Die unter dem Einfluß von Tageszeit und Witterung ständig wechselnde Belichtung läßt einzelne Sachen näher und ferner, größer oder kleiner, schärfer oder schwächer erscheinen, als sie zuvor erschienen sind. Demzufolge kann der Augenschein, der während der Beratung in Abwesenheit der Prozeßbeteiligten am Tatort angenommen wird, Vorstellungen hervorrufen, die zuvor beim Augenschein in Anwesenheit der Prozeßbeteiligten ausgeblieben sind, an denen diese also nicht teilgenommen, mit denen sie nicht gerechnet,

über die sie sich nicht erklärt haben. Das darf nicht geduldet werden. Hätten nur einzelne Richter für sich allein den Zeitraum zwischen dem Schlußwort des Angeklagten und dem Beginn der Beratung dazu benutzt, um sich den für die Entscheidung erheblichen Zustand des Tatorts nochmal einzuprägen, so wäre zu prüfen gewesen, ob das Gericht seine der Entscheidung zugrunde gelegte Überzeugung ausschließlich aus dem Inbegriff der Verhandlung geschöpft oder den außerhalb der Verhandlung geschehenen Wahrnehmungen jener Richter einen verfahrenswidrigen Einfluß gewährt habe. Da aber das versammelte Gericht sich an den Tatort begab und dort angesichts der auf die Vorstellung der Richter wirkenden Erscheinung des Tatorts beraten hatte, war nur die Annahme möglich, daß ein der Beweisaufnahme zugehöriger Vorgang unter Verletzung des Gesetzes in die Beratung verlegt worden war, daß also ein wesentlicher Teil der Verhandlung in Abwesenheit des Staatsanwalts, des Angeklagten und des Urkundsbeamten stattgefunden hatte. Das Urteil beruhte also auf einer Gesetzesverletzung. So ist schon früher entschieden worden, daß es unzulässig sei, einen Sachverständigen, der während der Verhandlung vernommen worden war, während der Beratung nochmals zu befragen. (II, 26. November 1931.) Amtl. Sammlg. S. 28—30.

Vgl. Bd. 17 S. 287.

10. Beleidigung. Strafantrag. Buße. Nebenklage. (StGB. §§ 61, 64, 186, 188; StPO. §§ 374, 395, 403, 404.) Ein Beamter stellte Strafantrag wegen Beleidigung; auch seine vorgesetzte Dienstbehörde tat das. Dem auf Grund dieses Antrags eröffneten Verfahren schloß sich der Beamte als Nebenkläger an. Während des Verfahrens schloß er mit dem Angeklagten einen Vergleich und nahm seinen Strafantrag zurück; darauf wurde seine Zulassung als Nebenkläger aufgehoben. Um eine Buße zu erlangen, beantragte er, neuerdings als Nebenkläger zugelassen zu werden. Der Antrag wurde abgelehnt, die Beschwerde wurde verworfen. Das Recht, wegen Beleidigung eine Buße zu verlangen, ist allerdings nicht von der Stellung eines Strafantrags abhängig; es kann auch ausgeübt werden, wenn der Beleidigte die Frist zur Stellung eines Strafantrags versäumt oder sein Recht sonst verwirkt hat. Wer berechtigt ist, eine Buße zu verlangen, kann sich als

Nebenkläger dem Verfahren auch dann anschließen, wenn er eine Buße in Wirklichkeit nicht verlangen will oder wenn der Anspruch auf Buße nicht mehr geltend gemacht werden kann. Durch den Vergleich war aber auf den Anspruch auf Buße verzichtet worden; damit entfiel auch die Anschlußbefugnis. (III, 30. November 1931.)

Amtl. Sammlg. S. 30—31.

Vgl. Bd. 31 S. 334; Bd. 41 S. 168, 176.

11. Verantwortlicher Schriftleiter. Benennung des Einsenders. Maternaustausch. (PreßG. §§ 7, 20, 21; StGB. §§ 41, 200.) Der verantwortliche Schriftleiter einer Zeitung wurde wegen zweier Vergehen der Beleidigung, begangen durch die Veröffentlichung von Aufsätzen in der von ihm geleiteten Zeitung, verurteilt; zugleich wurde die Veröffentlichung des Urteils für zulässig erklärt. Seine Revision hatte teilweise Erfolg. Die Verurteilung wegen des einen Vergehens war auf § 21 PreßG. gestützt worden. Der Angeklagte hatte sich in seiner Revision darauf berufen, daß er durch eine Reise verhindert gewesen sei, den Aufsatz auf Strafbarkeit seines Inhalts zu prüfen und daß er auch den Einsender angegeben habe. Der erste Gesichtspunkt konnte ihn nicht entschuldigen; die Reise war kein Umstand, der ihm die Anwendung seiner pflichtgemäßen Sorgfalt unmöglich gemacht hätte. Der zweite Gesichtspunkt traf nicht zu. Der Angeklagte hatte nur angegeben, daß er den Aufsatz im Wege des Maternaustausches von einer anderen Zeitung übernommen habe. Das bedeutete keine Benennung des Einsenders; vielmehr lag hier ein Fall vor, daß ein und derselbe Aufsatz in mehreren Zeitungen zum Abdruck gelangte, so daß jeder Abdruck eine selbständige Straftat darstellte. Durch die Verantwortlichkeit des Schriftleiters einer Zeitung wird aber die Verantwortlichkeit des Schriftleiters einer anderen Zeitung selbst dann nicht berührt, wenn auf Grund von Vereinbarungen zwischen ihnen nur einer die Prüfung vornimmt; gegenüber den Vorschriften des Preßgesetzes ist das unerheblich. Verfügt der Schriftleiter einer Zeitung auch den Abdruck eines Aufsatzes in einer anderen, so handelt er als Vertreter des Schriftleiters der anderen Zeitung, ohne diesem aber damit die preßgesetzliche Verantwortung abnehmen zu können; Einsender des Aufsatzes wird er auf diese Weise nicht. Un-

richtig war aber, daß der Angeklagte wegen Beleidigung verurteilt wurde. § 21 hat ein besonderes, dem Preßgewerbe eigentümliches Fahrlässigkeitsvergehen geschaffen; hiewegen, nicht wegen der in der Druckschrift zu findenden strafbaren Handlung hätte Verurteilung erfolgen sollen. Demzufolge war es auch nicht möglich, dem Beleidigten die Befugnis der Veröffentlichung des Urteils zuzuerkennen; zulässig war dagegen die Anordnung der Einziehung und Unbrauchbarmachung. (II, 30. November 1931.) Amtl. Sammlg. S. 31—33.
Vgl. Bd. 4 S. 297; Bd. 5 S. 359; Bd. 13 S. 319; Bd. 14 S. 342; Bd. 24 S. 321, 391.

12. **Uniformverbot. Plenarentscheidung.** (RPrVO. vom 28. März 1931 § 8; GVG. § 136.) Der Oberpräsident der Rheinprovinz verbot der Nationalsozialistischen Deutschen Arbeiterpartei einschließlich ihrer Unter-, Hilfs- und Nebenorganisationen das Tragen der Parteiuniform. Das Reichsgericht erklärte das Verbot für ungesetzlich. Die Verordnung des Reichspräsidenten vom 28. März 1931 sagt, daß für politische Vereinigungen das Tragen einheitlicher Kleidung oder Abzeichen verboten werden kann. Damit ist aber keine Handhabe zum Einschreiten gegen einzelne politische Vereinigungen gegeben. Die Verordnung ist von dem Geiste getragen, der allgemeinen politischen Befriedung zu dienen und zu diesem Zweck den politischen Kampf und die politische Herausforderung, wie sie namentlich durch das Tragen von Uniformen politischer Vereinigungen hervorgerufen werden kann, aus der Öffentlichkeit, insbesondere von der Straße, verschwinden zu lassen. Von dieser Absicht der Verordnung aus kann nur die Ermächtigung zum Erlaß eines allgemeinen Uniformverbots entnommen werden. Das einseitige Verbot fand in der Verordnung keine rechtliche Grundlage. Die entgegengesetzte Auffassung, die in Beschlüssen des 4. Strafsenats vertreten worden war, band den entscheidenden Senat nicht, weil es sich dort nicht um Revisionsentscheidungen handelte. (III, 30. November 1931.)
Amtl. Sammlg. S. 33—36.

13. **Jugendgericht. Fortgesetzte Handlung.** (JGG. §§ 3, 9.) Ein fortgesetztes Verbrechen des Meineids war von dem Angeklagten zum Teil vor, zum Teil nach Vollendung des 18. Lebensjahres begangen worden. Das

Schwurgericht setzte die Strafe nach den Vorschriften des Jugendgerichtsgesetzes fest, weil der Gesamtvorsatz vor der Vollendung des 18. Lebensjahres gefaßt worden sei. Das Reichsgericht erklärte das für ungesetzlich. Es geht nicht an, daß jemand, der durch einzelne, in das vollstrafmündige Alter fallende strafbare Betätigungen die ordentliche Strafe verwirkt hat, deshalb geringer bestraft wird, weil die strafbare Betätigung schon im früheren Lebensalter ihren Anfang genommen hat; wesentlich ist, daß der strafbare Vorsatz nach Erreichung der Altersgrenze aufrecht erhalten und weiterhin verwirklicht worden ist. Für die vor der Altersgrenze liegenden Teilhandlungen sind die Bestimmungen des Jugendgerichtsgesetzes nur insoferne von Bedeutung, als die Strafbarkeit dieser Teilhandlungen nach diesem Gesetz zu prüfen ist. Ist sie zu bejahen, so ist die ordentliche Strafe verwirkt; auf die Tatsache, daß einzelne Handlungen vor der Altersgrenze liegen, kann nur bei der Strafzumessung Rücksicht genommen werden. (II, 3. Dezember 1931.) Amtl. Sammlg. S. 36—37.

14. Werkverein. Tariffähigkeit. (ArbZVO. § 5.) In einer Mühle wurde auf Anregung des Eigentümers ein Werkverein der Arbeiter gegründet; Beiträge wurden nicht erhoben; Zusammenkünfte fanden nicht statt; das Amt des Vorstandes wurde vom Betriebsrat ausgeübt. Der Eigentümer schloß mit diesem Werkverein einen Tarifvertrag ab, nach dem ihm das Recht zustand, die Arbeitszeit bis auf 60 Stunden wöchentlich zu verlängern. Das Berufungsgericht hatte dem Tarifvertrag die Rechtsgültigkeit abgesprochen, weil der Werkverein nicht tariffähig sei. Die Revision des Angeklagten hatte Erfolg. Voraussetzungen der Tariffähigkeit einer Arbeitervereinigung sind:

1. daß es sich um eine vereinsmäßig gebildete Einheit handelt, der nur Arbeiter in ihrer Eigenschaft als solche angehören,
2. daß diese Arbeiter ausschließlich oder doch mit zu dem Zweck zusammengeschlossen sind, gegenüber dem Arbeitgeber auf die Gestaltung des einzelnen Arbeitsverhältnisses einzuwirken,
3. daß der Verein vom Arbeitgeber völlig, auch finanziell, unabhängig und durchaus selbständig ist.

Wenn diese Voraussetzungen erfüllt sind, ist auch den

Werkvereinen (Vereinigungen von Arbeitern eines einzigen Betriebs) die Tariffähigkeit nicht zu versagen. In Frage kam, ob die Unabhängigkeit und Selbständigkeit gegeben war. Diese wird nicht beeinträchtigt, wenn die Vereinigung ihr Ziel grundsätzlich im Wege wirtschaftlicher Verständigung zu erreichen sucht. Auch eine Mitwirkung des Arbeitgebers bei der Gründung ist nicht unzulässig, wenn er sich nur später jeder Einwirkung auf die Entschließungen des Vereins enthält. Die Unabhängigkeit und Selbständigkeit muß auch nicht bis in alle Einzelheiten gehen, vielmehr genügt, wenn sie im wesentlichen gegeben ist. Eine finanzielle Unabhängigkeit gegenüber dem Arbeitgeber kann auch bestehen, wenn kein Beitrag erhoben wird, die Mitglieder des Vereins aber bereit und fähig sind, etwaige Kosten zu tragen und im Streitfall Opfer zu bringen, um sich durchzusetzen; ob die Kraft des Vereins hiezu ausreicht, ist für die Frage der Tariffähigkeit ohne Belang. Nachdem der Verein seit seinem Bestehen dreimal an Vereinbarungen über den Tarifvertrag teilgenommen hatte, ließ sich auch nicht behaupten, daß er keine Einwirkung auf die Arbeitsverhältnisse geübt habe; es hätte zum mindesten dargelegt werden müssen, daß andere wichtige wirtschaftliche Maßnahmen nicht erwogen worden oder trotz ihrer Notwendigkeit unausgeführt geblieben seien. Bei der Leichtigkeit, mit der sich die in einem mittleren Betrieb vereinigten Mitglieder untereinander verständigen können, hätte es auch einer näheren Begründung bedurft, weshalb die Betrauung des Betriebsrats mit den Vorstandsgeschäften eine Untätigkeit des Vereins bedeutete. Darüber, daß der Verein oder dessen Vorstand wirtschaftliche Belange der Mitglieder dem Arbeitgeber gegenüber nicht vertreten hatte, war dem Urteil nichts zu entnehmen. Auch der innere Tatbestand war zweifelhaft. Der Angeklagte war allerdings durch einen Beamten des Gewerbeaufsichtsamts auf die Ungültigkeit des Tarifvertrags hingewiesen worden; dieser Hinweis war aber auf die frühere Rechtsprechung des Reichsarbeitsgerichts gestützt gewesen, welche die Tariffähigkeit der Werkvereine verneinte, während diese durch das Urteil vom 10. Oktober 1928 anerkannt worden ist. (II, 5. Dezember 1931.) Amtl. Sammlg. S. 37—40.

Vgl. RAG. Bd. 3 S. 170; Bd. 6 S. 67, 143.

15. Schlüsselgewalt. Mißbrauch der Vertretungsmacht. Betrug. (BGB. §§ 1353, 1357; StGB. § 263.) Die Frau eines Eisenbahnbeamten kaufte unter Vorlegung des Dienstausweises ihres Mannes und unter der unwahren Angabe, von ihm bevollmächtigt zu sein, in verschiedenen Geschäften Waren ein, verkaufte sie wieder oder verpfändete sie und verwendete den Erlös für sich. Sie wurde wegen Betrugs verurteilt. Das Reichsgericht verwies die Sache zurück. Das Berufungsgericht hatte nicht geprüft, ob die Frau nicht kraft gesetzlicher Vorschrift im Rahmen ihrer Schlüsselgewalt zum Abschluß der Kaufgeschäfte mit Wirkung für ihren Mann befugt war. Wenn das zutraf, lag eine Vorspiegelung falscher Tatsachen nicht vor, da es für die Geschäftsleute gleichgültig sein konnte, ob die Vollmacht der Frau eine rechtsgeschäftliche oder eine gesetzliche Grundlage hatte; es trat auch eine Vermögensbeschädigung der Geschäftsleute nicht ein, da der Ehemann der Frau den Geschäftsleuten gegenüber schuldrechtlich verpflichtet wurde und auch nichts dagegen sprach, daß er in der Lage war, den Verpflichtungen zu genügen. Entscheidend war für jede einzelne Kaufhandlung, ob die für Rechnung und im Namen des Ehemanns erworbenen Gegenstände nach Art und Zahl der äußeren Gestaltung des Ehelebens, der äußeren Lebensführung, dem Auftreten der Ehegatten und den hieraus entstehenden Bedürfnissen entsprachen; dabei war auf die Größe des Hausstandes und die Zahl der Kinder, die im Haushalt der Eltern unterhalten wurden, Rücksicht zu nehmen. Soweit die Einkäufe sich innerhalb dieses Rahmens hielten, war es für die schuldrechtliche Verpflichtung des Ehemannes ohne Bedeutung, wenn die Frau die ihr zustehenden Rechte mißbrauchte, indem sie in einer größeren Zahl von Geschäften gleichzeitige und gleichartige Anschaffungen machte, die über das zulässige Maß in ihrer Gesamtheit hinausgingen und die erworbenen Waren nicht für den Haushalt verwandte, sondern weiterveräußerte oder verpfändete. Ein solcher Mißbrauch der gesetzlichen Vertretungsmacht war (im Gegensatz zu ihrer Überschreitung) nur für das Innenverhältnis zwischen den Eheleuten von Bedeutung und stellte die Wirksamkeit der im Rahmen der an sich vorhandenen Vertretungsmacht geschlossenen Geschäfte gegenüber dem Ehemann nicht in

Frage, es sei denn, daß die Geschäftsleute den Mißbrauch der Vertretungsmacht bei Anwendung der unter den gegebenen Verhältnissen allgemein üblichen Sorgfalt erkennen mußten. Eine Schädigung der Geschäftsleute war allerdings schon dann anzunehmen, wenn lediglich unsicher war, ob der Ehemann in der Lage sein würde, die beim Treiben der Angeklagten sich häufenden Verpflichtungen zu erfüllen; nach der inneren Tatseite genügte es hier, wenn die Angeklagte mit dieser Möglichkeit rechnete und mit diesem Erfolg einverstanden war. Ein vollendeter Betrug zum Schaden der Geschäftsleute kam auch in Frage, wenn die Angeklagte unter Eigentumsvorbehalt gekauft und sich von vornherein mit der Absicht getragen hatte, die Waren unter Nichtbeachtung des Eigentumsvorbehalts zu verkaufen oder zu verpfänden. Soweit vollendeter Betrug zum Schaden der Geschäftsleute nicht nachgewiesen war, konnte möglicherweise versuchter Betrug in Frage kommen, wenn die Angeklagte sich nicht bewußt war, daß ihr Ehemann aus den abgeschlossenen Kaufverträgen verpflichtet wurde. Der Mißbrauch der gesetzlichen Vertretungsbefugnis konnte anderseits den Tatbestand des Betrugs auf einer anderen Grundlage erfüllen. Die Ehegatten sind einander zur ehelichen Lebensgemeinschaft verpflichtet; daraus ergab sich für die Angeklagte die Pflicht, bei solchen Geschäften, die einen Mißbrauch ihrer an sich bestehenden Vertretungsmacht darstellten, durch Klarlegung des Sachverhalts die Entstehung einer schuldrechtlichen Verpflichtung des Ehemannes zu verhindern. Wenn sie durch Unterdrückung dieser Tatsachen die Geschäftsleute zum Vertragsschluß und zur Lieferung von Waren veranlaßte und damit eine Verpflichtung ihres Ehemannes zur Zahlung der für ihn überflüssigen und wertlosen Waren begründete, schädigte sie ihn in seinem Vermögen. Strafantrag wegen Betrugs hatte er gestellt. (II, 7. Dezember 1931.) Amtl. Sammlg. S. 40—45.

Vgl. Bd. 61 S. 78; Bd. 64 S. 273; RGZ. Bd. 97 S. 286.

16. **Fortsetzungszusammenhang. Rechtskraft.** (StPO. §§ 264, 331, 354, 358.) Um einen mißliebigen Beamten aus seiner Stellung zu bringen, veröffentlichte der Schriftleiter einer Zeitung gegen ihn eine Reihe von ehrverletzenden Kundgebungen. Er wurde vom Schöffengericht am 28. April 1928 zu einer Geldstrafe verurteilt. Ge-

gen das Urteil legte der Staatsanwalt zuungunsten des Angeklagten Berufung ein. Das Berufungsgericht verurteilte am 11. Mai 1931 den Angeklagten zu einer Gefängnisstrafe von zwei Monaten wegen fortgesetzter, in der Zeit vom 31. Oktober 1927 bis zum 19. März 1928 verübten Beleidigung. Am 21. August 1931 erkannte das Berufungsgericht neuerdings gegen ihn auf eine Geldstrafe von 2000 *RM* wegen einer am 11. Juni 1928 verübten Beleidigung. Seine Revision gegen das Urteil vom 11. Mai 1931 wurde verworfen; die Revision gegen das Urteil vom 21. August 1931 hatte Erfolg. Das Berufungsgericht hatte die Auffassung vertreten, daß jedes verurteilende Erkenntnis den Fortsetzungszusammenhang mit Notwendigkeit unterbreche, also keinen Raum für Einbeziehung einer nach seiner Verkündung begangenen Einzelhandlung in den Zusammenhang lasse. Das erklärte das Reichsgericht für rechtsirrig. Eine Mehrheit von Willensbetätigungen kann zu einer Einheit im Sinne des sachlichen Rechts zusammengefaßt werden, wenn Einheit des verletzten Rechtsguts, Einheitlichkeit des Vorsatzes und Gleichartigkeit der Begehungsform gegeben sind. Im vorliegenden Fall kam nur Einheitlichkeit des Vorsatzes in Frage. Der Vorsatz ist einheitlich, wenn er sich von vorneherein auf einen gegenständlich und zeitlich in gewisser Weise vorgestellten, durch mehrere Einzelhandlungen nach und nach zu verwirklichenden Gesamterfolg richtet. Es war wohl möglich, daß der Angeklagte, der die Erschütterung des Ansehens des von ihm angegriffenen Beamten als Gesamterfolg durch vielfach wiederholte rechtswidrige Angriffe verwirklichen wollte, von vornherein den Vorsatz hatte, auf der Ausführung unbekümmert zu beharren, ob er wegen einzelner Angriffe verfolgt und zu Strafe verurteilt wurde; darauf wies auch die Ausführung des Urteils hin, das die Hartnäckigkeit des Vorgehens der Angeklagten hervorhob. Die Frage, ob ein Urteil den Fortsetzungszusammenhang unterbricht, hängt von der sachlichen Rechtskraftwirkung des Urteils ab. Das Gericht kann den Schuldspruch grundsätzlich nur auf die Feststellung von Ereignissen, die sich in der Vergangenheit zugetragen haben, und von Zuständen stützen, die in der Gegenwart bestehen; was nach der Verkündung des Urteils geschieht, wird durch diese nicht erledigt, sondern bleibt einer künftigen Strafverfolgung zugänglich. Dieser klare und einfache Grundsatz stößt aber mit dem aus dem sachlichen Recht geschöpften Begriff der fortgesetzten Handlung zusammen, da die Merkmale des Fortsetzungszusammenhangs die Verkündung des Urteils überdauern können. Der Rechtsprechung obliegt es, das Verhältnis des den Umfang der Rechtskraft betreffenden Grundsatzes zu dem widerstrebenden Rechtsbegriff zu ordnen. Das kann nur in der Weise geschehen, daß der Rechtsbegriff, der seine Entstehung Erwägungen der Zweckmäßigkeit verdankt, zurückzutreten hat. Dem Täter darf um die Wahrung der Rechtsordnung willen nicht gestattet werden, daß er die strafbare Handlung unter dem Schutz des verurteilenden Erkenntnisses straflos fortsetzt. Wird ein Urteil nicht angegriffen, so ist der Zeitpunkt der Verkündung, nicht jener der Rechtskraft dafür maßgebend, ob die Fortsetzung einer strafbaren Handlung als eine neue Tat zu gelten hat. Schwierigkeiten ergeben sich, wenn zufolge der Einlegung von Rechtsmitteln mehrere Urteile über den Gegenstand der Anklage aufeinander folgen. Maßgebend für die Entscheidung der Frage ist § 264 StPO. Das Berufungsgericht ist berechtigt und verpflichtet, seine Entscheidung nicht nur auf all das zu erstrecken, was von dem angefochtenen Urteil als die unter Anklage gestellte Tat zu erfassen war, sondern darüber hinaus auch noch auf die begrifflich zu dieser Tat gehörigen, erst nach der Verkündung des angefochtenen Urteils vorgefallenen Ereignisse. Das gilt auch im Falle der Zurückverweisung nach § 354 StPO., wenn das Revisionsgericht die dem Schuldspruch zugrundeliegenden tatsächlichen Feststellungen aufgehoben hat. Also setzt jenes Urteil die Grenze, das in der durch Rechtsmittel hervorgerufenen Aufeinanderfolge als letztes gestaltungsfähig im Sinne des § 264 StPO. ist. Eine Ausnahme muß aber für die Fälle gelten, in denen das Urteil nur zugunsten des Angeklagten angefochten wird. Das Berufungsgericht kann hier allerdings den Gegenstand der Urteilsfindung in der durch § 264 StPO. vorgesehenen Weise erweitern, dürfte aber zu einer Verschärfung der Strafe auch dann nicht greifen, wenn die Einzelhandlung, die der Angeklagte nach der Verkündung des Urteils begangen hat, viel schwerer wöge als das vorhergegangene, mit einer angemessenen Strafe belegte Tun. Für diesen Fall hat darum das Reichsgericht ausgesprochen, daß der Angeklagte, der nach seiner Verurteilung wegen einer strafbaren Handlung Berufung einlegt und seine strafbare Tätigkeit fortsetzt, sich gegenüber einer neuen Klage wegen dieser Tätigkeit nicht auf den Fortsetzungszusammenhang berufen kann. In der neuen Entscheidung ließ das Reichsgericht dahingestellt, ob nicht auch von dieser Ausnahme wieder Ausnahmen zu machen seien, da das Urteil zuungunsten des Angeklagten angefochten war, also die Regel zutraf. Bei der Fällung des Urteils vom 31. Mai 1931 bestand also die Möglichkeit, die Äußerung vom 11. Juni 1928, soferne sie mit den früher abgeurteilten Kundgebungen durch Fortsetzungszusammenhang zu einer Einheit vereinigt war, mit einer den Angeklagten auch im Strafmaß beschwerenden Wirkung einzubeziehen. Daß von dieser Möglichkeit nicht Gebrauch gemacht wurde, durfte dem Angeklagten nicht zum Nachteil gereichen. In der neuen Verhandlung hatte das Berufungsgericht zu prüfen, ob es für ausgeschlossen zu erachten war, daß der einheitliche Vorsatz des Angeklagten, der sich von vorneherein auf einen allmählich durch viele einzelne Angriffe zu verwirklichenden Gesamterfolg richtete, auch noch die Äußerung vom 11. Juni 1928 hervorgerufen hatte; dabei war zu beachten, daß ein Wechsel zwischen Mittäterschaft und Alleintäterschaft bei den im Fortsetzungszusammenhang stehenden Einzelhandlungen möglich ist und daß das Erfordernis besonderer, die Einzelhandlungen auslösender einzelner Entschlüsse der Annahme eines zum Merkmale des Fortsetzungszusammenhangs tauglichen Gesamtvorsatzes keineswegs entgegensteht. (II, 10. Dezember 1931.)

Amtl. Sammlg. S. 45—51.

Vgl. Bd. 42 S. 372; Bd. 44 S. 392; Bd. 49 S. 353; Bd. 51 S. 253; Bd. 53 S. 42; Bd. 54 S. 333; Bd. 56 S. 326; Bd. 58 S. 19, 183.

17. **Kraftfahrzeug. Führerflucht. Verjährung. Einstellung. Freisprechung. Rechtskraft. Irrtum.** (KraftFahrz.-G. §§ 17, 18, 20, 21, 22; StPO. § 260.) Der Führer eines Kraftfahrzeuges wurde wegen Übertretung des Kraftfahrzeuggesetzes in Tateinheit mit fahrlässiger Körperverletzung angeklagt. Das Berufungsgericht verneinte das Vorliegen einer fahrlässigen Körperverletzung und

verurteilte nur wegen der Übertretung. Der Angeklagte legte Revision ein. Da die Revision bei einer einheitlichen Tat nicht auf einen rechtlichen Gesichtspunkt beschränkt werden kann, war die Sache in vollem Umfang des Eröffnungsbeschlusses zu prüfen. Soweit die Anklage wegen fahrlässiger Körperverletzung in Betracht kam, ergab sich kein Rechtsirrtum. Hinsichtlich der Anklage wegen Übertretung kam das Reichsgericht zu der Auffassung, daß Verjährung vorliege. Es fragte sich, ob hiernach auf Freisprechung oder auf Einstellung zu erkennen war. In Fällen, in denen dem Angeklagten eine nur auf Antrag zu verfolgende strafbare Handlung in Tateinheit mit einer anderen zur Last gelegt und diese nicht erwiesen, jene aber mangels wirksamen Strafantrags nicht verfolgbar ist, hat das Reichsgericht bisher den Standpunkt vertreten, daß das Verfahren einzustellen sei. Das beruhte auf der praktischen Erwägung, daß die Einstellung wegen Fehlens des Strafantrags dem Antragsrecht anderer zum Strafantrag Berechtigter nicht vorgreife, was bei Freisprechung geschehen würde. Bei Verjährung kommt dieser Gesichtspunkt nicht in Betracht. Eine Einstellung wegen Verjährung läßt die erneute Verfolgung wegen desselben strafbaren Gesichtspunkts so wenig zu wie eine Freisprechung wegen nicht erwiesener Schuld. Unter diesen Umständen entsprach es der Besonderheit des vorliegen-Falles nicht, wenn lediglich wegen der Übertretung eingestellt, wegen des Vergehens aber nicht freigesprochen wurde. Der Urteilsspruch muß dem Ergebnis der Hauptverhandlung sinngemäß Ausdruck verleihen. Das kann in solchen Fällen nur durch Freisprechung geschehen. Der Angeklagte hat einen Anspruch darauf, daß ihm durch Freispruch das Fehlen des Schuldnachweises hinsichtlich des hauptsächlichen Gesichtspunktes der Anklage bezeugt wird. Allerdings kann die Freisprechung ihrer Natur nach nur auf den Gesichtspunkt der fahrlässigen Körperverletzung abgestellt werden, für den allein es an einem Schuldbeweis fehlt; auf den Gesichtspunkt der Übertretung kann sich die Freisprechung nicht erstrecken. Anderseits kann nicht auf Einstellung neben der Freisprechung erkannt werden, da die Urteilsformel bei einer einheitlichen Tat nur einheitlich auf Verurteilung, Freisprechung oder Einstellung gerichtet sein kann. Die Übertretung mußte also im Urteilsspruch unerwähnt bleiben. Das hatte nicht zur Folge, daß der Angeklagte wegen der Übertretung neuerdings verfolgt werden konnte; wieweit die Rechtskraft des Urteils reicht, ergibt sich aus dem Inhalt der Gründe, nicht aus der Urteilsformel; sie ergreift also die einheitliche Tat unter allen rechtlichen Gesichtspunkten. — Der Angeklagte war auch wegen Führerflucht verurteilt worden. Er hatte durch Nichtabblenden seiner Scheinwerfer bewirkt, daß ein ihm entgegenkommender Wagen an einen Baum anfuhr und dadurch beschädigt wurde; ehe der Führer dieses Wagens das Vorzeichen der Nummer, das undeutlich hervortrat, feststellen konnte, war er weitergefahren. Seine Revision hatte keinen Erfolg. Wenn auch durch sein Verhalten keine Körperverletzung verursacht worden war, lag doch ein Unfall vor; hiefür genügte, daß bei dem Betrieb (d. h. infolge des Betriebs) in ursächlichem Zusammenhang mit dem Betrieb des vom Angeklagten geführten Kraftwagens eine Sache beschädigt worden war. Daß er dem Führer des verletzten Wagens ermöglicht hatte, die Nummer festzustellen, machte ihn nicht straffrei; strafbar ist der Führer, der in einem solchen Fall sich der Feststellung der Nummer seines Fahrzeugs oder jener seiner Person zu entziehen unternimmt. Eine irrtümliche Annahme des Angeklagten, daß es ausreiche, wenn er die Feststellung seiner Wagennummer ermögliche, reichte zu seiner Entschuldigung nicht aus, da es sich um einen unbeachtlichen Irrtum über die Strafbarkeit seines Verhaltens handelte. (III, 10. Dezember 1931.) Amtl. Sammlg. S. 51—56. Vgl. Bd. 7 S. 355; Bd. 27 S. 193; Bd. 46 S. 363; Bd. 52 S. 270; Bd. 53 S. 50.

18. **Betrug. Mittelbare Verzeihung. Unterdrückung.** (StGB. § 263.) R. benötigte Geld; W. versprach, ihm dieses mit Hilfe seiner Bankverbindung zu verschaffen, wenn er zur Sicherheit Wechsel gebe. In der Annahme, daß W. als Kunde der Bank von dieser leichter Geld bekommen werde als er selbst, ging R. hierauf ein. W. gab die Wechsel zur Diskontierung an die Bank; diese schrieb den Betrag seinem überlasteten Konto gut, das hierdurch glatt gestellt wurde. R. übergab er einen Scheck auf die Bank; diese lehnte die Einlösung ab. Die Verurteilung wegen Betrugs wurde vom Reichsgericht bestätigt. R.

konnte auf Grund des Vorbringens des W. nicht auf den Gedanken kommen, daß dieser mit den Wechseln seine Schulden bei der Bank abdecken wollte, noch dazu ohne sich vorher zu vergewissern, ob ihm die Bank einen neuen Kredit eröffnen würde, mit Hilfe dessen er sein Versprechen erfüllen konnte. Bei solcher Sachlage, insbesondere unter Berücksichtigung des Umstandes, daß es sich bei der Hingabe von Wechseln zum Zwecke der Kreditbeschaffung um ein auf gegenseitigem Vertrauen beruhendes und durch solches Vertrauen bedingtes Vertragsverhältnis handelte, bestand für den Angeklagten, selbst wenn er mit einer neuen Kreditgewährung nach Abdeckung seiner Schulden rechnete, nach Treu und Glauben eine Rechtspflicht, den R. darüber aufzuklären, daß die Wechsel nicht als unmittelbare Kreditunterlage verwertet, sondern zunächst zur Abdeckung seiner Schulden verwendet werden sollten. Sein Versprechen der Kreditbeschaffung gegen die Hingabe von Wechseln in Verbindung mit dem pflichtwidrigen Verschweigen, also der Unterdrückung der Überlastung seines Kontos und seiner Absicht, die Wechsel zu dessen Entlastung zu verwenden, konnte in seiner Gesamtheit auch aufgefaßt werden als mittelbare Vorspiegelung der falschen Tatsache, daß es ihm auf Grund seines Kredits voraussichtlich möglich sein werde, dem R. auf die Wechsel das Geld zu verschaffen und daß er die Absicht habe, im Falle des Mißlingens die Wechsel zurückzugeben. Durch dieses täuschende Gesamtverhalten wurde R. in Übereinstimmung mit dem Willen des Angeklagten in einen der Täuschung entsprechenden Irrtum versetzt und hierdurch zur Hingabe der Wechsel an ihn bestimmt. Diese Vermögensverfügung hatte für R. eine Vermögensbeschädigung zur Folge. Diese trat schon mit der Hingabe der Wechsel ein, da durch diese sein Vermögen gefährdet wurde; vertieft wurde der Vermögensschaden dadurch, daß der Angeklagte, seiner von vorneherein bestehenden Absicht entsprechend, die Wechsel ohne weitere Weisung zur Diskontierung bei der Bank einreichte und dadurch bewirkte, daß sie seinem Konto gutgeschrieben wurden. R. wurde auf diese Weise Wechselschuldner, ohne eine entsprechende Gegenleistung zu erhalten; er hatte nur einen unsicheren Anspruch gegen den Angeklagten auf Kreditbeschaffung. Der Angeklagte hatte diese Schädigung und die weitere Schädigung, die durch die Beitreibung der Wechsel entstand, als möglich erkannt und sein Verhalten auch für diesen Fall gewollt; er hatte auch die Absicht, sich mit Hilfe der Wechsel einen rechtswidrigen Vermögensvorteil, nämlich die von R. nicht gebilligte Entlastung seines Kontos mit den Wechseln des R. zu verschaffen. (I, 11. Dezember 1931.) Amtl. Sammlg. S. 56—59.

Vgl. Bd. 12 S. 395; Bd. 65 S. 106.

19. **Freiheitsentziehung im Amte.** (StGB. §§ 340, 341, 343, 345.) Ein Polizeibeamter veranlaßte einen Mann mit ihm zur Polizeiwache zu gehen; dort gab er dem wachhabenden Polizeibeamten einen wissentlich unwahren Bericht, worauf dieser die Festnahme anordnete. Damit war der Tatbestand der Freiheitsentziehung im Amte erfüllt. Dem Vornehmen einer Verhaftung ist im Gesetz das Vornehmenlassen gleichgestellt. Das Vornehmenlassen ist nicht auf den Fall beschränkt, daß sich der Beamte zur Ausführung eines Untergebenen bedient; es genügt auch das Bewirken im Sinne der bloßen Setzung einer Ursache für den Erfolg, sogar ein Geschehenlassen, wenn dem Beamten seine Dienstpflicht ein gegenteiliges Verhalten geböte. Dabei ist es rechtlich ohne Belang, ob der andere, dessen Handlung der Beamte so vornehmen läßt, ebenfalls ein Beamter ist und ob dieser dabei selbst in strafbarer Weise tätig wird oder nicht. Ein bloß untätiges Verhalten des Angeklagten hätte zwar seine Strafbarkeit nicht begründet; wohl aber reichte hiefür, daß er den Wachhabenden irreführte und damit veranlaßte, die Festnahme zu verfügen. (I, 15. Dezember 1931.)

Amtl. Sammlg. S. 59—61.

Vgl. Bd. 5 S. 332; Bd. 63 S. 175.

20. **Betrugsversuch. Freiwilliger Rücktritt.** (StGB. § 46.) Reichsanleihe wurde unter Beifügung falscher Altbesitzbescheinigungen mit dem Antrag auf Anerkennung der Altbesitzrechte eingereicht. Der Antrag wurde alsbald zurückgenommen; inzwischen hatte aber die Ablösungsstelle schon erkannt, daß es sich um Neubesitz handelte. Die Verurteilung wegen Betrugsversuchs wurde vom Reichsgericht gebilligt. Durch die Anmeldung hatte der Angeklagte alles getan, was von seiner Seite erforderlich war, um den Betrug zur Vollendung zu bringen; der Versuch konnte also für ihn nicht schon dadurch straflos werden,

daß er die Anmeldung zurücknahm, sondern nur dadurch, daß er zu einer Zeit, da die Handlung noch nicht entdeckt war, den Eintritt des zur Vollendung des Betrugs gehörigen Erfolgs abwendete. Entdeckt ist die Handlung mindestens dann, wenn einem der an der Handlung nicht Beteiligten die bis dahin unbekannte oder doch in ihrem Wesen verschleierte Handlung derart offenbar wird, daß dadurch die Verhinderung des Eintritts des zur Straftat gehörigen Erfolgs möglich und wahrscheinlich wird. Das kann auch der Fall sein, wenn die Handlung noch nicht in allen Einzelheiten offenbar ist, die zu ihrer abschließenden tatsächlichen und rechtlichen Beurteilung erforderlich sind. Ob im Einzelfall der Umfang der Aufklärung ausreicht, um eine Entdeckung annehmen zu können, ist Sache tatsächlicher Würdigung. Der andere, der die Handlung entdeckt, kann bei einem Betrug auch jener sein, dem die falschen Tatsachen vorgespiegelt wurden; er entdeckt die Handlung, wenn ihm die Unrichtigkeit der Angaben offenbar wird. (II, 17. Dezember 1931.)

Amtl. Sammlg. S. 61—63.

Vgl. Bd. 3 S. 93; Bd. 38 S. 402; Bd. 47 S. 358; Bd. 59 S. 412.

21. **Hehlerei. Vorteil.** (StGB. § 259.) Eine gestohlene Uhr wurde unter Kenntnis des Sachverhalts gegen Gewährung eines Darlehens von 20 *RM* in Pfand genommen; dabei wurde vereinbart; daß bei der Einlösung 25 *RM* bezahlt werden sollten. Das genügte zur Verurteilung wegen Hehlerei. Der Erwerb bloßen Pfandbesitzes zur Sicherung für ein erst unter der Voraussetzung der Pfandbestellung gegebenes Darlehen ist allerdings regelmäßig noch kein Vorteil im Sinne des § 259 StGB.; auch der Betrag von 5 *RM*, den der Angeklagte mehr zurückerhalten sollte, wurde nicht durch den Besitzerwerb am Pfandstück erstrebt, sondern durch das Darlehensgeschäft. Die Verpfändung diente aber auch zur Sicherung dieses Vorteils. (III, 17. Dezember 1931.)

Amtl. Sammlg. S. 63—64.

Vgl. Bd. 54 S. 338.

22. **Waffenmißbrauch. Gemeinsames Erscheinen. Politischer Zweck. Tateinheit.** (StGB. § 73; VerG. § 19; RPrVO. vom 25. Juli 1930 §§ 1, 3.) Der Angeklagte hatte mit einer Stoßwaffe die Straße betreten und dann,

einer plötzlichen Eingebung folgend, eine öffentliche Wahlversammlung aufgesucht. Er wurde auf Grund des § 1 der Waffenverordnung verurteilt; ihn auch wegen eines Vergehens gegen § 3 der Verordnung zu verurteilen, hatte das Berufungsgericht abgelehnt, weil er mit den anderen Versammlungsteilnehmern keine gemeinschaftliche Sache gemacht habe, sondern nur die zu erwartenden Reden habe anhören wollen. Die Revision des Staatsanwalts hatte Erfolg. Für die Anwendung des § 3 der Verordnung ist nicht erforderlich, daß der Bewaffnete mit den übrigen Erschienenen im Sinne eines gemeinsamen politischen Zieles verbunden ist. Das Ziel der Strafbestimmung ist ganz allgemein die Bekämpfung politischer Gewalttätigkeiten; sie dient diesem Ziel nicht nur dann, wenn sie Strafe für den Fall androht, daß eine bewaffnete politische Bande schon gebildet ist, sondern noch viel mehr dann, wenn sie der Bildung von Banden mit bewaffneten Teilnehmern vorbeugt. Ein gemeinsames Erscheinen ist schon dann gegeben, wenn der Bewaffnete gemeinschaftlich mit anderen an einem bestimmten Orte zugegen ist; eine innere Verbundenheit wird nicht verlangt, insbesondere nicht, daß gemeinsame politische Zwecke verfolgt werden. Das Erscheinen eines Bewaffneten in der Öffentlichkeit bedeutet auch dann eine Gefahr für den öffentlichen Frieden, wenn die mit ihm Erschienenen nicht seine Gesinnungsgenossen, vielleicht sogar seine politischen Gegner sind. § 19 VerG. bedroht mit Strafe jeden, der unbefugt in einer Versammlung bewaffnet erscheint; die Bestrafung des Bewaffneten ist nicht davon abhängig, daß er zu den anderen Teilnehmern der Versammlung in irgend einem Zusammenhang steht. Durch die Vorschrift der Waffenverordnung sollte diese Strafdrohung verschärft werden. Die beiden Vergehen standen untereinander in Tateinheit. (I, 18. Dezember 1931.) Amtl. Sammlg. S. 64—68.

Vgl. Bd. 44 S. 140; Bd. 65 S. 162.

23. **Vertretung. Strafverfahren.** (StPO. §§ 230, 232, 233, 329, 332, 411, 412.) Gegen einen Strafbefehl wurde Einspruch erhoben. Zufolge Ausbleibens des Angeklagten wurde der Einspruch ohne Beweisaufnahme verworfen. Der Angeklagte legte Berufung ein. In der Hauptverhandlung erschien für ihn ein mit schriftlicher Vollmacht versehener Verteidiger. Die Berufung wurde sofort ver-

worfen, weil die Vertretung des Angeklagten für nicht zulässig erachtet und sein Ausbleiben als nicht genügend entschuldigt angesehen wurde. Das Reichsgericht verwies die Sache zurück. Die Frage, wann eine Vertretung des Angeklagten zulässig ist, muß für die Berufungsverhandlung ebenso beantwortet werden wie für die Hauptverhandlung im ersten Rechtszug. Nach der Auffassung des Gesetzgebers sind Strafbefehlssachen regelmäßig solche von geringerer Bedeutung; deshalb ist für sie die Verhandlung in Abwesenheit des Angeklagten zugelassen, wenn er durch einen bevollmächtigten Verteidiger vertreten wird. Die persönliche Anwesenheit des Angeklagten kann allerdings zweckmäßig sein; sie kann darum auch vom Gericht angeordnet werden. Das gilt aber für die Verhandlung im ersten Rechtszug in noch höherem Grade als für die Berufungsverhandlung. Daß dem Angeklagten in der Ladung die sofortige Verwerfung seiner Berufung für den Fall seines Ausbleibens angedroht war, hatte keine Wirkung. (II, 21. Dezember 1931.)

Amtl. Sammlg. S. 68—71. Vgl. Bd. 53 S. 371.

24. **Totschlag. Unterlassung. Mittäterschaft.** (StGB. §§ 47, 212, 221.) Ein Mädchen brachte ein uneheliches Kind an einem abgelegenen Orte zur Welt und ließ es dort neben sich liegen, bis es infolge der Kälte starb. Sie war dazu durch den Vater des Kindes veranlaßt worden; dieser war während der Geburt bei ihr und vergrub dann die Leiche des Kindes. Er wurde wegen Totschlags verurteilt. Seine Revision wurde verworfen. Die Rechtswidrigkeit der für den Tod des Kindes ursächlich gewordenen Unterlassung des Angeklagten ergab sich sowohl aus der vorgängigen Handlung des Angeklagten, durch die er das Kind in einen lebensgefährdenden Zustand versetzt hatte, als auch aus seiner persönlichen Beziehung zu dem Kinde. Der Angeklagte hatte den Zustand geschaffen, in dem sich die Bedingung für den Tod des Kindes entwickeln mußte; eben darum oblag ihm, alles, was er vermochte, zu tun, damit diese Bedingung unwirksam werde. Diese Pflicht hatte ihre Wurzel nicht nur in Menschlichkeit und Lebensbrauch; sie war dem Angeklagten durch die Rechtssätze, die das Verbot der Verletzung des Lebens, des Körpers und der Gesundheit eines anderen in sich schließen, so auferlegt, daß er sich ihr fügen mußte, auch wenn sein Ge-

wissen ihn nicht antrieb. Außerdem ist aus § 221 StGB. das rechtliche Verbot zu entnehmen, daß jemand, unter dessen Obhut eine wegen ihrer körperlichen Beschaffenheit hilflose Person steht, diese in hilfloser Lage preisgibt. Dieses Verbot ist auch gegenüber dem unehelichen Vater mit besonderem Nachdruck ausgesprochen. Der Angeklagte kannte auch alle Tatsachen, aus denen sich seine Rechtspflicht zum tätigen Eingreifen ergab; des Nachweises, daß er seine Gedanken auf die Rechtspflicht selbst gerichtet und sich eine zutreffende Vorstellung von ihr gebildet hatte, bedurfte es nicht. Das Bewußtsein der Rechtswidrigkeit konnte unbedenklich auch daraus gefolgert werden, daß der Angeklagte die Leiche des Kindes vergraben hatte. Auch die Annahme von Mittäterschaft (nicht nur Beihilfe) war nicht zu beanstanden. Mittäterschaft ist rechtlich auch da möglich, wo eine strafbare Handlung durch einverständliche Unterlassung mehrerer Personen begangen wird. Der Angeklagte hatte im äußeren Geschehen die Leitung inne; in Ansehung des inneren Tatbestandes war festgestellt, daß er den Tod des Kindes als die Folge seines Verhaltens voraussah und wollte und daß er alles, was unter der Teilnahme der Mutter geschah, als seine eigene Tat betrachtete. (II, 4. Januar 1932.)

Amtl. Sammlg. S. 71—75.

25. **Hilfsgeschworene.** (GVG. §§ 42, 84, 91; StPO. § 338.) Ein Geschworener entschuldigte sich alsbald nach Empfang der Ladung wegen Krankheit und wurde für die ganze Dauer der Tagung entbunden. An seiner Stelle wurde ordnungsmäßig der in der Jahresliste an erster Stelle stehende Hilfsgeschworene W. einberufen. In der ersten Sitzung blieb dieser infolge eines Versehens aus. Der Vorsitzende des Schwurgerichts, dem von der während seines Urlaubs erfolgten Entbindung des Hauptgeschworenen und Einberufung des Hilfsgeschworenen nichts bekannt war, ordnete, nachdem er das Ausbleiben des Hauptgeschworenen festgestellt hatte, die Zuziehung eines Hilfsgeschworenen an. Da die Geschäftsstelle erklärte, W. sei schon als Hilfsgeschworener einberufen worden, wurde nunmehr der nächstfolgende Hilfsgeschworene D. einberufen. Dieser nahm an mehreren Sitzungen teil. Das war ungesetzlich; der an Stelle des erkrankten Hauptgeschworenen einberufene Hilfsgeschworene W. hätte wäh-

rend der ganzen Dauer der Verhinderung des Hauptgeschworenen an dessen Stelle mitwirken müssen. (I, 12. Januar 1932.) Amtl. Sammlg. S. 75—76.

26. Straffreiheit. Politischer Beweggrund. Ladung. (StrFreihG. vom 14. Juli 1928; StPO. §§ 40, 278, 323.) Ausländer, die wegen Betrugs angeklagt waren, beriefen sich darauf, daß sie die Tat aus politischen Beweggründen begangen hätten und damit unter das Straffreiheitsgesetz vom 14. Juli 1928 fielen. Diese Verteidigung konnte schon darum keine Beachtung finden, weil nur deutsche politische Beweggründe, also solche, die deutsche Staaten, ihre Verfassung, Gesetzgebung und Verwaltung, das staatsbürgerliche Verhalten ihrer Angehörigen oder die Beziehungen deutscher Staaten zu anderen Staaten unmittelbar betrafen, Straffreiheit bewirken konnten. Der Zweck des Gesetzes war, einen Strich unter die Zeiten der wegen des Kriegsausgangs und seiner wirtschaftlichen Folgen in der Bevölkerung Deutschlands eingerissenen Rechtsverwirrung, Verbitterung und Enttäuschung zu setzen; die Berücksichtigung nicht deutscher politischer Beweggründe hätte einer ausdrücklichen Hervorhebung im Gesetz bedurft. Die Ladung eines der Angeklagten, der sich im Ausland befand, zur Berufungsverhandlung war seinem Verteidiger, der hiefür Vollmacht hatte, zugestellt worden. Das ging in Ordnung, da nur der Staatsanwalt Berufung eingelegt hatte, also über die Berufung auch beim Ausbleiben des Angeklagten zu verhandeln war; wenn nur der Angeklagte Berufung eingelegt gehabt hätte, wäre eine solche Zustellung nicht genügend gewesen, da im Falle ihrer Nichtbeachtung durch den Verteidiger die Berufung ohne sachliche Nachprüfung hätte verworfen werden müssen. Der Verteidiger legte während der Verhandlung die Verteidigung nieder. Das hinderte die Fortführung der Verhandlung nicht, da der Angeklagte in der Ladung darauf hingewiesen worden war, daß im Falle seines Ausbleibens auch ohne ihn verhandelt werden würde. (II, 14. Januar 1932.)

Amtl. Sammlg. S. 76—80.

Vgl. Bd. 43 S. 321; Bd. 54 S. 17, 54; Bd. 56 S. 49; Bd. 58 S. 106, 414; Bd. 63 S. 10; Bd. 65 S. 417.

27. Schmiergelder. Wettbewerb. Unlauteres Verhalten. Geschäftliche Untreue. (UnlWG. § 12; HGB. § 312.)

Eine Brauerei bezog ihre Kisten sämtlich von einer Kistenfabrik; die Lieferung war dieser auf Grund eines Angebots übertragen worden, das weit günstiger als alle anderen Angebote war. Nachdem die Lieferung einige Zeit in Gang gekommen war, verlangte der kaufmännische Leiter der Brauerei eine Provision von 20 Pfennig für jede Kiste. Dem Verlangen wurde stattgegeben; die Preise der Kisten wurden nicht erhöht. Später regte die Fabrik eine Erhöhung der Preise an, drang aber nicht durch. Der kaufmännische Leiter der Brauerei wurde wegen Annahme von Schmiergeldern verurteilt. Seine Revision hatte keinen Erfolg. Mit Strafe ist der Angestellte eines geschäftlichen Betriebs bedroht, der im geschäftlichen Verkehr Geschenke oder andere Vorteile fordert oder annimmt, damit er durch unlauteres Verhalten einem anderen mit dem Bezug von Waren oder gewerblichen Leistungen im Wettbewerb eine Bevorzugung verschaffe. Maßgebend ist, ob die Vorteile dem Wettbewerb des Vorteilgebers zu dienen bestimmt sind; seine Mitbewerber sollen gegen die Anwendung eines Wettbewerbsmittels geschützt werden, das der anständige Geschäftsmann verschmäht. Ein Handeln zu Zwecken des Wettbewerbs wurde nicht dadurch ausgeschlossen, daß die Fabrik zu Preisen lieferte, mit denen andere Fabriken den Wettbewerb nicht aufnehmen konnten, und daß infolgedessen die Vergebung der Lieferungen an sie auch im Interesse der Brauerei lag. Der Gefahr der Unterbietung durch einen kapitalkräftigeren oder leistungsfähigeren Mitbewerber ist auch ein billig liefernder Geschäftsmann immer ausgesetzt; auch spielt beim Wettbewerb die Preisbemessung nicht die allein ausschlaggebende Rolle. Hätte die Kistenfabrik Mitbewerber nicht gefürchtet, so wäre sie auf das Ansinnen der Provisionsgewährung nicht eingegangen. Wenn der Wille des Geschenkgebers darauf gerichtet sein muß, sich oder einem Dritten beim Bezug von Waren oder gewerblichen Leistungen eine Bevorzugung zu sichern, so bedeutet das nicht, daß der Geschenkgeber der Bezieher der Waren oder Leistungen sein muß; die Vorschrift trifft auch den Fall, daß er der Lieferer der Waren ist. Auch die Frage, ob die Bevorzugung vor den Mitbewerbern durch unlauteres Verhalten des Vorteilnehmers erreicht werden soll, ist vom Standpunkt des Vorteilgebers und seiner Mitbewerder ins Auge zu fassen. Entscheidend ist nicht, ob der Vorteilnehmer seinem Auftraggeber gegenüber pflichtgemäß handelte; vielmehr kommt es darauf an, daß der Vorteilgeber in der Erwartung gibt, anbietet oder verspricht, der Vorteilnehmer werde ihn eben wegen oder doch mit wegen des Vorteils, nicht aus rein sachlichen Gründen, vor seinen Mitbewerbern bevorzugen, und daß der Vorteilnehmer diese Willensrichtung des Vorteilgebers erkennt und gleichwohl mit Willen den Vorteil annimmt, fordert oder sich versprechen läßt. So lag die Sache hier. Der Inhaber der Fabrik hatte die Schmiergelder bezahlt, um dadurch im Wettbewerb die Bevorzugung zu erlangen, auch weiterhin mit Sicherheit die Kistenlieferungen für die Brauerei übertragen zu bekommen; der Angeklagte sollte, wie ihm bekannt war, durch die Hingabe der Geldbeträge an ihn, mithin in unsachlicher Weise, beeinflußt werden, der Fabrik weiter den Vorzug vor anderen Mitbewerbern zu geben. Damit war auch der bestimmte Vorsatz des Angeklagten festgestellt; daß die Preise der Fabrik ungewöhnlich niedrig waren, brauchte den Vorsatz nicht auszuschließen. Daß die Zahlungen in Erwartung weiterer Aufträge, also für eine künftige unsachgemäße Bevorzugung der Fabrik, nicht als Belohnung für ausgeführte Bestellungen geleistet worden waren, hatte das Berufungsgericht festgestellt. Es handelte sich nicht um harmlose Zuwendungen zur Förderung des Warenverkehrs und glatteren Abwicklung der Geschäfte, sondern um Zuwendungen, die dem Angeklagten, ihm bewußt, gemacht worden waren, um ihn zu einem unlauteren Verhalten zu bestimmen. Hätte der Angeklagte bei dem Fordern oder der Annahme der Provisionen absichtlich zum Nachteil der von ihm vertretenen Gesellschaft gehandelt, so wäre er wegen Untreue im Sinne des § 312 HGB. zu bestrafen gewesen; die Vorschrift des § 12 UnlWG. gilt nur, soweit nicht nach anderen Bestimmungen eine schwerere Strafe verwirkt ist. (III, 11. Januar 1932.) Amtl. Sammlg. S. 81—84. Vgl. Bd. 49 S. 199; Bd. 56 S. 249; Bd. 58 S. 429; Bd. 63 S. 426; Bd. 66 S. 16.

28. **Einziehung.** (MaisG. §§ 1, 2, 11.) Eine große Menge Mais, die entgegen den Vorschriften des Maisgesetzes in Verkehr gebracht worden war, wurde beschlag-

nahmt. Zur Vermeidung der Entwertung wurde das Getreide verkauft und der Erlös hinterlegt. Im Urteil wurde die Einziehung des Erlöses angeordnet. Das erklärte das Reichsgericht für rechtsirrig. Die Befugnis der Staatsanwaltschaft, beschlagnahmte, der Einziehung unterliegende Gegenstände zur Vermeidung von Verderb oder Entwertung zu veräußern, ist nicht zu bezweifeln; sie folgt aus den Rechten und Pflichten des Staates zur Verwahrung und Verwaltung der beschlagnahmten Sachen. Die hienach von der Staatsanwaltschaft vorgenommenen Veräußerungen bleiben rechtswirksam, auch wenn später durch Urteil die Einziehung der beschlagnahmten Sachen ausgesprochen wird. Für den bisher an der Sache Berechtigten tritt der Erlös an die Stelle der Sache; wenn die Einziehung der Sache nicht ausgesprochen wird, kann er die Ausantwortung des Erlöses verlangen. Diese auf dem Gebiete des Verfahrensrechts und des bürgerlichen Rechts liegenden Grundsätze sind aber nicht maßgeblich für die Frage, ob statt der gesetzlich vorgesehenen Einziehung der Sache die Einziehung des Erlöses auszusprechen ist; hiefür können allein die Vorschriften des sachlichen Strafrechts in Betracht kommen. Ein allgemeiner Grundsatz, daß der Erlös an die Stelle der Sache tritt, besteht nicht. Die Befugnis zur Einziehung erstreckt sich niemals auf den Wert der Sache oder auf die Sache, die an ihre Stelle getreten ist, wenn nicht etwas anderes durch das Gesetz vorgeschrieben ist oder sich aus seinem Sinn und Geist als Wille des Gesetzgebers ergibt. Aus dem Maisgesetz ist eine solche Vorschrift nicht zu entnehmen. Es läßt die Einziehung der Ware, auf die sich die strafbare Handlung bezieht, auch dann zu, wenn sie dem Täter nicht gehört. Daraus ergibt sich, daß das Gesetz mit der Einziehung nicht sowohl die Person des Täters treffen will als vielmehr die gesetzwidrig in den Verkehr gelangte Ware; diese soll aus dem Verkehr, in den sie auf gesetzwidrige Weise gelangt ist, wieder herausgeholt werden. Dieser Gedanke rechtfertigt aber nicht, die Einziehung auch auf den Erlös zu erstrecken. Es hätte vielmehr trotz der Veräußerung die Einziehung des Maises ausgesprochen werden müssen. Diese hätte an sich bewirkt, daß Eigentum des Staates an der eingezogenen Ware entstand; da aber der Staat sich durch den Verkauf und die

übergabe schon dieses seines künftigen Eigentums für den Zeitpunkt seiner Entstehung begeben hatte, behielt es dabei sein Bewenden. Die Rechte der Erwerber konnten dadurch nicht beeinträchtigt werden. (III, 14. Januar 1932.) Amtl. Sammlg. S. 85—87.
Vgl. Bd. 51 S. 319; Bd. 52 S. 126; Bd. 54 S. 136; Bd. 56 S. 322.

29. **Auslieferung. Spezialität.** (RVerf. Art. 4; DAG. § 6; Deutsch-Ital. AuslVertr. Art. 4.) Es ist ein auch in der Deutschen Reichsverfassung anerkannter Grundsatz des Völkerrechts, daß zwischenstaatliche Vereinbarungen nicht einseitig durch die Gesetzgebung eines Vertragsstaates geändert oder aufgehoben werden können. Hienach ist im Auslieferungsverkehr zwischen Deutschland und Italien der Grundsatz der Spezialität nur in dem Umfang zu wahren, wie sich die Vertragsparteien in dem darüber abgeschlossenen Vertrag zugesichert haben. Eine weitergehende Zusicherung darf nicht verlangt werden. (III, 18. Januar 1932.) Amtl. Sammlg. S. 87—88.

30. **Konkurs. Beiseiteschaffen. Sicherung. Befriedigung. Gläubigerbenachteiligung. Gläubigerbegünstigung. Anfechtung. Tateinheit. Gesetzeseinheit.** (KO. §§ 30, 58, 129, 132, 239, 240, 241; StGB. § 173.) Der Gemeinschuldner hatte nach der Zahlungseinstellung aus seinem Postscheckkonto eine Zahlung von 75 *RM* an seine Mutter überweisen lassen; nach der Eröffnung des Konkurses hatte er ein Sparguthaben von 17 *RM* abgehoben und für sich verbraucht. Er wurde wegen zweier Vergehen gegen die Konkursordnung verurteilt. Das Reichsgericht verwies die Sache zurück. In dem Abheben des Sparguthabens lag noch kein Beiseiteschaffen dieses Vermögensstückes; der Angeklagte hatte gegen die Forderung, die er aufgegeben hatte, sogleich den entsprechenden Gegenwert seinem Vermögen wieder zugeführt, dieses also in seinem Bestand nicht verringert. Auch in dem Verbrauch des Geldes lag nicht notwendig ein Beiseiteschaffen; unter dieses fallen solche Handlungen nicht, die zum ordnungsmäßigen Betrieb oder zur ordnungsmäßigen Wirtschaft notwendig sind oder gehören. Aus diesem Grunde ist ein übermäßiger Aufwand bei der Lebenshaltung eines Schuldners be-

sonders unter Strafe gestellt. Es war demgemäß noch zu prüfen, ob der Angeklagte den Betrag einem notwendigen geschäftlichen Zweck zugeführt oder den notwendigen Lebensunterhalt damit bestritten hatte; wenn der Verbrauch unnötig oder übermäßig war, konnte ein Beiseiteschaffen angenommen werden. Es konnte auch in Frage kommen, ob in dem Verschweigen des Sparkassenguthabens gegenüber dem Konkursverwalter ein Verheimlichen zu finden war. Unter allen Umständen war zu prüfen, ob nicht bei der Geringfügigkeit des Betrags eine Absicht des Angeklagten, seine Gläubiger zu benachteiligen, verneint werden mußte. Wenn auch unter Absicht in diesem Zusammenhang nicht Beweggrund oder Endzweck zu verstehen ist, genügt doch Fahrlässigkeit oder bedingter Vorsatz nicht, auch nicht das Bewußtsein, daß das Tun den Erfolg der Benachteiligung der Gläubiger zur notwendigen Folge haben muß; vielmehr gehört zum inneren Tatbestand der bestimmte, auf die Herbeiführung des Erfolgs der Benachteiligung der Gläubiger gerichtete Wille. Hinsichtlich des Betrags, den der Angeklagte an seine Mutter geschenkt hatte, war das Berufungsgericht der Auffassung gewesen, daß dieser zwar ein fälliger Anspruch auf die Zahlung dieses Betrags zustand, daß sie aber nach der Zahlungseinstellung nur mehr anteilmäßige Befriedigung verlangen konnte, auch wenn wegen ihrer Unkenntnis der Zahlungseinstellung die Rechtshandlung nicht anfechtbar war. Das erklärte das Reichsgericht für rechtsirrig. Das Merkmal in § 241 KO., eine Sicherung oder Befriedigung zu gewähren, die der Gläubiger nicht oder nicht in der Art oder nicht zu der Zeit beanspruchen kann, entspricht ganz dem in § 30 KO., das dort als Voraussetzung für die Anfechtbarkeit aufgestellt ist; es geht nicht an, diesem Merkmal in den beiden Bestimmungen einen wesentlich verschiedenen Inhalt beizumessen. Es entspricht der Auffassung des Gesetzes, wenn Zuwendungen, auf die der Gläubiger sachlich und zeitlich einen begründeten Anspruch hat, nicht als strafbar angesehen werden. Unrichtig war auch die Annahme von Tatmehrheit zwischen den Verletzungen der §§ 239 und 241 KO. Wegen der gemeinsamen Beziehungen beider Verfehlungen zu derselben Zahlungseinstellung oder Konkurseröffnung wird entweder das Vergehen des § 241 durch das Verbrechen des § 239 aufgezehrt oder wenn, wie hier, das Vergehen und das Verbrechen durch verschiedene Betätigungen verwirklicht worden sind, das Verhältnis der Tateinheit nach § 73 StGB. begründet. (II, 18. Januar 1932.)

Amtl. Sammlg. S. 88—91.

Vgl. Bd. 1 S. 101; Bd. 6 S. 94; Bd. 24 S. 7; Bd. 36 S. 193; Bd. 39 S. 136; Bd. 46 S. 306; Bd. 58 S. 304; Bd. 61 S. 107; Bd. 62 S. 152.

31. Einkommensteuer. Ehegatten. Steuerpflicht. Geldstrafe. (RAbgO. §§ 95, 396, 402, 433; EinkStG. § 22; StGB. § 27 c; BGB. § 1383.) In der Steuererklärung, die der Angeklagte zugleich für seine Ehefrau abgegeben hatte, war deren Einkommen fahrlässigerweise unrichtig angegeben. Sowohl der Mann als die Frau wurden wegen Steuergefährdung angeklagt. Das Berufungsgericht sprach die Frau von der Anklage frei. Die Revision des Staatsanwalts und des Finanzamts wurde verworfen. Die Frau war überhaupt nicht steuerpflichtig. Sie lebte mit ihrem Mann im gesetzlichen Güterstand; die Nutzungen, deren Angabe unterblieben war, gehörten hiernach dem Mann und dieser allein war steuerpflichtig. Allerdings haften, wenn das Einkommen der Frau dem des Mannes hinzugerechnet wird, beide Ehegatten als Gesamtschuldner und wird die Haftung eines Ehegatten dadurch nicht ausgeschlossen, daß er in dem Steuerabschnitt kein Einkommen bezogen hat. Steuerschuldner ist aber auch hier jeder Ehegatte nur soweit, als er selbst mit Einkommen beteiligt ist; soweit der andere Ehegatte beteiligt ist, haftet er für die Steuerschuld, ist aber nicht selbst Steuerschuldner. Aber selbst wenn man annahm, daß die Frau steuerpflichtig war, fiel ihr kein Verschulden zu Last. Neben ihrem Ehemann, der die Steuererklärung abgegeben hatte, von sich aus eine Erklärung abzugeben, war die Frau nicht verpflichtet; eine Aufforderung zur Erklärung war nicht an sie ergangen. Hinsichtlich der gegen den Mann ausgesprochenen Geldstrafe hatte die Revision beanstandet, daß sie den Gewinn, den er aus der Tat gezogen hatte, nicht überstieg. In dieser Hinsicht handelt es sich aber nur um eine Sollvorschrift, die innerhalb der zwingenden Bestimmung, daß bei der Bemessung der Geldstrafe die wirtschaftlichen Verhältnisse des Täters zu berücksichtigen sind, zurückzutreten hat. Daß die Vorschrift auch für Steuerdelikte gilt und auch bei fahrlässiger Begehung anzuwenden ist, wurde anerkannt. (III, 25. Januar 1932.)

Amtl. Sammlg. S. 91—95.

32. Totschlag bei Unternehmen einer strafbaren Handlung. Unternehmung. (StGB. § 214.) In der Absicht, Geld zu stehlen, drang ein Mann in ein Anwesen ein; als ihm eine Frau entgegentrat, warf er sie zu Boden und versetzte ihr mit einem Hammer zahlreiche Schläge auf den Kopf. Dann entnahm er einem Kleiderschrank, den er erbrach, eine Summe Geld und entfernte sich. Er wurde wegen schweren Diebstahls und wegen versuchten schweren Totschlags verurteilt. Seine Revision wurde verworfen. Als er die Frau überfiel, befand er sich allerdings erst auf dem Weg zum Tatort und es konnte zweifelhaft erscheinen, ob er mit der Ausführung des Diebstahls schon begonnen hatte; für den Begriff des Unternehmens genügt aber, daß Vorbereitungshandlungen vorgenommen sind. Das Reichsgericht nimmt in ständiger Rechtsprechung an, daß die Unternehmung mit der rechtlichen Vollendung der strafbaren Handlung noch nicht beendet ist, sondern darüber hinaus noch das gesamte Verhalten des Täters umfaßt, das sich unmittelbar an die Handlung anschließt und dazu dienen soll, ihn selbst und die Früchte der Tat in Sicherheit zu bringen, und zwar solange, als noch von einer Ergreifung auf frischer Tat gesprochen werden kann. Hier ist anerkannt, daß der Ausführung der unternommenen Straftat auch nach ihrer rechtlichen Vollendung noch ein Hindernis entgegentreten kann und daß der Täter, um dieses Hindernis zu beseitigen, bei Unternehmung der Straftat handelt; umgekehrt kann der Ausführung der Straftat ein Hindernis aber auch schon dann entgegentreten, wenn der Täter erst im Begriff steht, mit der strafbaren Handlung zu beginnen und noch mit einer straflosen Vorbereitungshandlung beschäftigt ist. Es besteht kein Bedenken dagegen, auch einen Totschlag zur Beseitigung eines solchen Hindernisses als einen Totschlag bei Unternehmung, d. h. aus Anlaß der Begehung einer strafbaren Handlung, verübt zu bezeichnen. (I, 26. Januar 1932.)

Amtl. Sammlg. S. 95—98.

Vgl. Bd. 42 S. 266; Bd. 58 S. 226; Bd. 59 S. 49; Bd. 60 S. 67; Bd. 61 S. 109.

33. Notstand. Gegenwärtige Gefahr. Dauergefahr. Abwendung. (StGB. §§ 52, 153, 154.) An einem Orte standen zwei politische Parteien, die im Urteil als A-Partei und B-Partei bezeichnet sind, in heftigem Kampf miteinander. Ein Mann, der zur A-Partei gehörte, wurde von einem Angehörigen der B-Partei überfallen und mißhandelt, besonders durch einen Tritt gegen den Leib. Er erstattete Anzeige und bezeichnete bei seiner polizeilichen Vernehmung einen bestimmten Angehörigen der B-Partei als jenen, der ihm den Fußtritt versetzt hatte; die gleiche Angabe wiederholte er unter Eid in der Hauptverhandlung vor dem Schöffengericht. Die Verhandlung wurde ausgesetzt. Vor dem neuen Verhandlungstermin wurde der Mann neuerdings von Angehörigen der B-Partei überfallen und mißhandelt; an dem Tag der neuen Verhandlung wurde ihm zugerufen, wenn der Angeklagte verurteilt werde, komme er nicht gesund aus dem Saal. Er schwächte daraufhin seine Aussage wider besseres Wissen dahin ab, daß er den Fußtritt von einem der Leute, die bei dem Angeklagten waren, erhalten habe. Wegen Meineids verurteilt berief er sich darauf, daß er in Notstand gehandelt habe. Seine Revision hatte Erfolg. Das Schwurgericht hatte angenommen, daß er sich zwar im Augenblick der Aussage in einer gegenwärtigen Gefahr für Leib und Leben befunden habe, da ihm ein Angriff im Gerichtssaal oder auf dem Heimweg drohte; diese Gefahr habe er aber durch Anrufung gerichtlichen Schutzes abwenden können; eine für spätere Zeit drohende Gefahr sei nicht als gegenwärtig anzusehen. Diese Teilung ließ sich nicht halten. Gefahr ist die Wahrscheinlichkeit eines aus einer gegebenen Sachlage nach menschlicher Erfahrung und den Gesetzen der Verursachungslehre zu erwartenden schädlichen Erfolgs. Ob der aus einem gegebenen Tatsacheninbegriff zu befürchtende Erfolg früher oder später, für einen bestimmten Augenblick oder während einer längeren Zeitdauer zu erwarten ist, ändert an der Einheit der vorliegenden Gefahr nichts; es handelt sich dabei stets um dieselbe eine, sei es augenblickliche, sei es Dauergefahr. Auch eine solche kann, das Merkmal der Gegenwärtigkeit vorausgesetzt, einen Notstand erzeugen. Der Rechtsirrtum des Schwurgerichts hatte weiterhin zur Verkennung des Begriffs der Abwendbarkeit der Gefahr geführt. Dar-

unter ist zu verstehen, daß dem Bedrohten Maßnahmen zu Gebote stehen, den Eintritt des schädlichen Erfolgs auszuschließen. In der Verzögerung des Eintritts liegt an sich noch nicht seine Ausschließung; sie kann dafür aber in Betracht kommen, wenn sie die Möglichkeit weiterer Maßnahmen eröffnet. Die Frage lag auf tatsächlichem Gebiet. Im vorliegenden Fall hatte das Schwurgericht zugunsten des Angeklagten unterstellt, daß er die drohende Gefahr nicht abwenden konnte. Demgemäß hätte der Angeklagte freigesprochen werden müssen. (III, 11. Januar 1932.) Amtl. Sammlg. S. 98—102.
Vgl. Bd. 6 S. 396; Bd. 43 S. 342; Bd. 59 S. 69; Bd. 60 S. 318; Bd. 64 S. 30.

34. **Parteiverrat.** (StGB. § 356.) Ein Kaufmann, der in Zahlungsschwierigkeiten geriet, beauftragte einen Rechtsanwalt, seinen Gläubigern einen außerordentlichen Vergleich anzubieten. Dieser versandte an alle Gläubiger ein entsprechendes Schreiben. Der Vergleich kam nicht zustande. Der Rechtsanwalt legte dann den Auftrag nieder; zwischen ihm und dem Kaufmann wurde vereinbart, daß er die Gläubiger, die sich noch an ihn wenden würden, auf die Außenstände des Kaufmanns verweisen solle. Nach einiger Zeit ersuchte einer der Gläubiger um Auskunft über den Stand der Vergleichsverhandlungen. Der Rechtsanwalt erwiderte, daß er den Auftrag niedergelegt habe; dabei bemerkte er, daß der Kaufmann noch ungepfändete Außenstände habe. Der Gläubiger ersuchte ihn darauf, seine Sache gegen den Kaufmann zu führen. Der Rechtsanwalt erklärte sich dazu bereit, obwohl er in einer Aussprache mit dem Kaufmann erkannt hatte, daß dieser nicht einverstanden war. Im Laufe des Rechtsstreits teilte er dem Gläubiger auch mit, daß der Kaufmann nun in Stellung sei und gut verdiene. Er wurde wegen Parteiverrats verurteilt. Seine Revision hatte Erfolg. Die Feststellungen des Berufungsgerichts ließen die Möglichkeit offen, daß der erste Auftrag nur dahin ging, den Gläubigern des Kaufmanns einen rein rechnerischen Vergleichsvorschlag zu machen, ohne auf den Inhalt der Ansprüche und die etwa sich bietenden Einwendungen einzugehen. Es wäre als Parteiverrat anzusehen gewesen, wenn der Angeklagte schon während der Vergleichsverhandlungen die Forderung eines Gläubigers eingeklagt

hätte; dadurch hätte er unter Umständen das Zustandekommen des Vergleichs erschwert. Die Sache lag aber anders, nachdem die Vergleichsverhandlungen gescheitert waren. Damit hatte die dem Angeklagten anvertraute Rechtssache, die Schuldenregelung im rechnerischen Sinne, zu bestehen aufgehört; demgemäß konnte der Angeklagte auch nicht mehr dem Gläubiger in dieser Rechtssache dienen. Daß er nach dem Scheitern der Vergleichsverhandlungen die Gläubiger auf die Außenstände des Schuldners hinweisen sollte, war ausdrücklich vereinbart. Daß der Schuldner ihm sonst etwas anvertraut hätte, hinsichtlich dessen er ihm die Treue hätte brechen können, war nicht ersichtlich. Die Sache wurde zur weiteren Aufklärung des Sachverhalts zurückverwiesen. (III, 25. Januar 1932.) Amtl. Sammlg. S. 103—106.

Vgl. Bd. 23 S. 60; Bd. 62 S. 289.

35. **Fahrlässige Tötung. Straßenverkehr.** (StGB. § 222.) Auf einer Landstraße kamen hinter einem Fußgänger zwei Motorradfahrer. Beide gaben Lautzeichen. Der Fußgänger ließ eines der Fahrräder an sich vorbeifahren und trat dann wieder auf den Fahrdamm, um die Straße zu überschreiten. Der Führer des zweiten Motorrads stieß mit ihm zusammen, kam zu Fall und verletzte sich tödlich. Die Verurteilung wegen fahrlässiger Tötung wurde vom Reichsgericht gebilligt. Das unsachgemäße Verhalten eines Menschen begründet zwar nicht ohne weiteres die Annahme eines Verschuldens; es kann auch durch eine Unvollkommenheit der menschlichen Natur im allgemeinen oder durch die besonderen Anlagen des Einzelnen verursacht sein. Jedoch wurde das Urteil durch die Erwägung getragen, daß der Angeklagte, obwohl durch ein Lautzeichen gewarnt, nur das erste Motorrad an sich vorbeifahren ließ und dann, ohne sich weiter umzusehen, die Straße zu überschreiten begann. Zwischen der Sorgfaltspflicht, die dem Fußgänger und die dem Kraftfahrer zuzumuten sind, besteht ein Unterschied. Der Kraftfahrer setzt durch sein Gefährt eine erhöhte Gefahr in den Straßenverkehr; daraus folgt, daß von ihm eine erhöhte und ständige Vorsicht in der Handhabung seines Gefährtes verlangt werden muß. Dem Fußgänger, der gleichfalls auf die Benutzung der Straße angewiesen ist, gibt zunächst die Sorge darum, selbst keinen Schaden zu

leiden, Anlaß zu vorsichtiger Bewegung auf der Straße; aber auch von ihm muß, wegen der Gemeinsamkeit, in der die Straße wegen der verschiedenen Arten des Verkehrs bestimmt ist, verlangt werden, daß er sich dessen bewußt sei, und daher ein Verhalten vermeide, das andere Benutzer der Straße gefährdet. Für ein durch sachwidriges Verhalten hervorgerufenes schädigendes Ereignis hat also der Fußgänger strafrechtlich einzustehen, soferne er nicht durch besondere Umstände der Sachlage entschuldigt ist. Im besonderen muß davon ausgegangen werden, daß ein Fußgänger, der sich anschickt, die Fahrbahn einer Straße zu betreten, sich vergewissern muß, ob diese frei ist, ob insbesondere nicht ein Kraftfahrzeug herannaht. Diese Sorgfaltspflicht wird erhöht, wenn der Fußgänger durch ein von ihm wahrgenommenes Lautzeichen vor der Gefahr gewarnt wird. Der Angeklagte wurde auch dadurch nicht entschuldigt, daß der Motorradfahrer zu schnell gefahren war. Eine Überschreitung der zulässigen Fahrgeschwindigkeit durch Motorradfahrer ist, wie jedermann weiß, so häufig, daß sich niemand darauf berufen kann, er habe mit einer solchen Möglichkeit nicht zu rechnen brauchen. (I, 26. Januar 1932.)

Amtl. Sammlg. S. 106—108.

36. **Beschleunigtes Verfahren. Freiwillige Stellung. Verlust der Anklageschrift. Notwendige Verteidigung.** (St.-PO. §§ 140, 190, 200, 201, 203, 212.) Gegen S. und T. wurde das Hauptverfahren wegen schweren Diebstahls eröffnet; Termin für die Hauptverhandlung vor dem Schöffengericht wurde auf den 15. August bestimmt. Am 12. August 1931 erklärte K., der in einer anderen Sache in Untersuchungshaft saß, vor der Staatsanwaltschaft, er sei an diesem Diebstahl beteiligt gewesen und sei damit einverstanden, daß ohne schriftlich erhobene Anklage und ohne Entscheidung über die Eröffnung des Hauptverfahrens gegen ihn am 15. August 1931 verhandelt werde; auch verzichtete er auf Einhaltung der Ladungsfrist. Zum Hauptverhandlungstermin wurde er vorgeführt. Er erklärte neuerdings, damit einverstanden zu sein, daß sofort im beschleunigten Verfahren gegen ihn verhandelt werde. Die Sitzungsniederschrift enthielt den Vermerk, daß gegen ihn die anliegende Anklage von der Staatsanwaltschaft erhoben worden sei. Er wurde wegen ge-

meinschaftlichen schweren Diebstahls verurteilt. Seine Berufung wurde verworfen. Vor dem Revisionsgericht stellte sich heraus, daß die Anklageschrift verlorengegangen war. Die Revision hatte keinen Erfolg. Daß mündlich Anklage erhoben worden war, ergab sich aus der Sitzungsniederschrift zweifelsfrei; auch dem Erfordernis der Aufnahme des wesentlichen Inhalts der Anklage in das Sitzungsprotokoll war damit genügt, daß die Anklageschrift dem Sitzungsprotokoll als Anlage einverleibt wurde. Der nachträgliche Verlust dieses Teils der Sitzungsniederschrift hinderte die Fortsetzung dieses Verfahrens nicht. Die Revision war auch damit begründet, daß der Angeklagte, da er verhaftet war, sich nicht freiwillig habe stellen können. Eine freiwillige Stellung ist aber schon dann gegeben, wenn ein verhafteter Angeklagter sich zur Aburteilung im beschleunigten Verfahren dem Gericht zur Verfügung stellt. Das muß jedenfalls dann gelten, wenn das in einer anderen Sache geschieht als in jener, wegen der die Untersuchungshaft gegen ihn verhängt ist. Daß er zur Verhandlung vorgeführt werden muß, ist eine Äußerlichkeit, welche den Begriff der freiwilligen Stellung nicht berührt. Ein Fall der notwendigen Verteidigung lag nicht vor, da der Angeklagte in der Hauptverhandlung vor dem Schöffengericht keinen Antrag auf Beigabe eines Verteidigers gestellt hatte. Durch den bei der Berufungseinlegung gestellten Antrag lebte sein Recht auf Beigabe eines Verteidigers nicht wieder auf. (II, 1. Februar 1932.)

Amtl. Sammlg. S. 108—112.

Vgl. Bd. 55 S. 159; Bd. 65 S. 246.

37. **Öffentlichkeit. Formlose Zeugenvernehmung. Auskunftsperson.** (GVG. § 174; StPO. §§ 55, 61, 337.) Über den Antrag des Staatsanwalts, die Öffentlichkeit auszuschließen, wurde unter Anhörung der Beteiligten verhandelt; mehrere Zeugen wurden uneidlich vernommen. Das war zulässig. Für die Verhandlung über den Ausschluß der Öffentlichkeit ist nur bestimmt, daß sie öffentlich stattzufinden hat und daß der Beschluß mit den Gründen öffentlich zu verkünden ist. Die Förmlichkeiten, die bei der Erhebung des Beweises über die Schuld- und Straffrage zu beachten sind, gelten hiefür nicht. Auch in der Hauptverhandlung waren Zeugen uneidlich vernommen worden, um klarzustellen, ob ihre förmliche Verneh-

mung als Zeugen und die Verwertung ihrer Aussagen bei der Urteilsfindung in Frage komme; es wurde dann auf deren Vernehmung verzichtet. Das Reichsgericht erklärte dieses Vorgehen für gesetzwidrig. Grundsätzlich ist jede in der Hauptverhandlung zur Sache vernommene Person, wenn nicht gesetzliche Gründe entgegenstehen, zu beeidigen. Ist eine Person als Zeuge vernommen worden, so wird der Zwang der Beeidigung auch nicht dadurch aufgehoben, daß die sämtlichen Beteiligten auf die Vernehmung des Zeugen verzichten. Die Zeugen waren nicht nur darüber befragt worden, ob sie etwas zur Sache wußten; sie hatten vielmehr zur Sache ausgesagt und von ihrer Beeidigung war nur deshalb abgesehen worden, weil ihre Aussagen nicht glaubwürdig erschienen. Unter solchen Umständen hätten sie auch beeidigt werden müssen. Die Revision wurde gleichwohl verworfen, weil auf diesem Verstoß das Urteil nicht beruhte. (II, 25. Januar 1932.)

Amtl. Sammlg. S. 113—117.

Vgl. Bd. 37 S. 194, Bd. 57 S. 261.

38. **Erpressung. Freiheitsentziehung. Raub. Bettel. Waffenmißbrauch. Tateinheit.** (StGB. §§ 73, 74, 235, 249, 250, 362; SchußwG. § 25.) Der Angeklagte, der ständig einen Revolver mit sich führte, ohne im Besitz eines Waffenscheins zu sein, schlich sich nach Einbruch der Dunkelheit in das Wohnhaus des Gemeindevorstehers und nötigte diesen unter Vorhalten des Revolvers, ihm Geld zu geben; dann fesselte er ihn und seine Frau und entwendete noch einige Kleidungsstücke. Vor Begehung der Tat hatte er im Dorf gebettelt. Er wurde wegen schweren Raubes in Tateinheit mit Freiheitsentziehung und in Tatmehrheit mit unerlaubtem Waffentragen und Bettelns mit Waffen verurteilt. Das Reichsgericht änderte den Schuldausspruch ab und verwies die Sache zur Neufestsetzung der Strafe zurück. Die verbrecherische Tätigkeit des Angeklagten erfüllte zunächst den Tatbestand der räuberischen Erpressung, da er das Geld, um das es ihm vor allem zu tun war, nicht wegnahm, sondern sich geben ließ. Die unmittelbare Anwendung der Vorschriften über den Raub war aber insoferne nicht fehlerhaft, als durch die Wegnahme der Kleidungsstücke auch die Merkmale des Raubes erfüllt wurden. Da die ganze Tätigkeit als eine Handlungseinheit aufzufassen war, trafen die räuberische

Erpressung, die Freiheitsberaubung und der Raub in Tateinheit zusammen. Das verbotene Waffenführen war nicht als selbständige Straftat anzusehen. Dadurch, daß der Angeklagte, ohne einen Waffenschein zu besitzen, außerhalb der Wohnung eine Waffe mit sich führte, machte er sich allerdings des unerlaubten Führens einer Waffe schuldig, und zwar solange, als er außerhalb der Wohnung mit der Waffe verweilte. Dieses gesetzwidrige Verhalten bestand aber bei der Verübung des Raubes fort und somit war die Voraussetzung des § 73 StGB. gegeben. Die Strafe für Raub wird erhöht, wenn der Räuber bei der Begehung der Tat Waffen bei sich führt, auch wenn er sich derselben nicht bedient. Somit wird eine Erhöhung der Strafe gerade durch dieselbe Handlung bewirkt, die auch den Tatbestand einer Verfehlung gegen das Schußwaffengesetz erfüllt. Bei beiden Bestimmungen ist auch der gesetzgeberische Grund derselbe. Das Gleiche traf auch für den Bettel zu. Bettel mit Waffen bedeutet nichts anderes als Bettel unter Mitführung von Waffen. Das Waffenführen während des Bettels war dasselbe Vergehen, wie das Waffenführen während der Begehung der anderen Straftat, da es in der ganzen Zwischenzeit fortdauerte. Da hiernach das Vergehen gegen das Schußwaffengesetz sowohl mit dem Bettel als mit den anderen Straftaten rechtlich zusammentraf, war Tateinheit auch zwischen dem Bettel und den später und an anderen Orten verübten Straftaten begründet. (II, 28. Januar 1932.)

Amtl. Sammlg. S. 117—121.

Vgl. Bd. 55 S. 239; Bd. 56 S. 329; Bd. 60 S. 241.

39. **Ablehnung eines Richters. Wirksamkeit des Beschlusses.** (StPO. § 28.) Vor der Hauptverhandlung vor dem Berufungsgericht lehnte der Angeklagte einen der zur Mitwirkung bestimmten Richter ab. Die Strafkammer erkannte das Gesuch als begründet an. Der Beschluß wurde in der Hauptverhandlung nicht bekanntgegeben, sondern erst später den Beteiligten zugestellt. An Stelle des abgelehnten Richters wirkte ein anderer Richter mit. Die hierauf gestützte Revision hatte keinen Erfolg. Ein ohne mündliche Verhandlung in Schriftform ergehender Beschluß wird schon mit seiner Erlassung auch ohne Bekanntgabe an die Beteiligten wirksam; vor allem bedarf es für die Wirksamkeit keiner Zustellung. Da der vorliegende

Beschluß nicht anfechtbar war, wurde er mit dem Zeitpunkt rechtswirksam, in dem er als erlassen zu gelten hatte. Erlassen ist eine schriftliche Entscheidung, sobald sie nach vollständiger Abfassung zur Kenntnis für Personen außerhalb des Gerichts bestimmt wird. Diese Bestimmung wurde im vorliegenden Fall spätestens dadurch getroffen, daß auf Grund des zu den Akten gegebenen Beschlusses an Stelle des mit Erfolg abgelehnten Richters ein anderer Richter an der Hauptverhandlung teilnahm; nunmehr konnte eine Änderung des Beschlusses durch die beteiligten Richter nicht mehr in Frage kommen. (II, 1. Februar 1932.) Amtl. Sammlg. S. 121—122.
Vgl. Bd. 56 S. 358.

40. Besetzung des Gerichts. (GVG. §§ 51, 62 ff.) Ein zur Teilnahme an einer Strafkammersitzung bestimmter Gerichtsassessor war unerwartet verhindert. Der Vorsitzende zog einen anderen Gerichtsassessor bei, der der Strafkammer nicht zugeteilt war; eine Verfügung des Landgerichtspräsidenten konnte nicht erwirkt werden, da dieser und sein Vertreter im Gerichtsgebäude nicht anwesend waren. Während der Verhandlung traf der Landgerichtspräsident ein. Die Verhandlung wurde unterbrochen und, nachdem der Landgerichtspräsident die Beiziehung des Gerichtsassessors nachträglich genehmigt hatte, fortgesetzt. Die Beteiligten erklärten nach Bekanntgabe der Verfügung, daß sie gegen die Mitwirkung des Gerichtsassessors nichts einzuwenden hätten. Das Reichsgericht hob das Urteil auf. Das Verfahren bis zur Verfügung des Landgerichtspräsidenten war gesetzwidrig; die Verfügung hatte keine rückwirkende Kraft. Die Vorschriften des Gerichtsverfassungsgesetzes über die Besetzung der Gerichte sollen die Unabhängigkeit der Gerichte gegen Eingriffe der Justizverwaltung sichern. Die Besetzung der Kammer muß regelmäßig schon vor Beginn des Geschäftsjahres durch das Präsidium vorgenommen werden; Stellvertretungen, die durch die Verhinderung des regelmäßigen Vertreters notwendig werden, hat der Präsident zu regeln. Dabei liegt es auf der Hand, daß dies zu geschehen hat, bevor der so zu bestellende Richter in der Kammer tätig werden darf. Die Ausübung des Richteramts durch einen dazu nicht bestellten Richter kann nicht durch eine nachträgliche amtliche Verfügung ordnungsmäßig gemacht werden. Das gilt auch dann, wenn diese nachträgliche amtliche Verfügung während der Verrichtung des Dienstgeschäfts ergeht. (I, 5. Februar 1932.)

Amtl. Sammlg. S. 122—124.

Vgl. Bd. 23 S. 166; Bd. 56 S. 144; Bd. 60 S. 25.

41. Urkundenfälschung. Versuch. Untaugliches Objekt. Irrtum. Wahnverbrechen. (StGB. §§ 43, 59, 267, 268.) Frau K. ersuchte W., ihr ein Telegramm zu schicken, worin ihr ein Reichsamt, das nicht näher bezeichnet war, die Überweisung eines Geldbetrages ankündigte. Er gab dem Ersuchen statt. Frau K. zeigte das Telegramm bei einem Bankhaus vor und erzielte, daß ihr ein Scheck eingelöst wurde. Das Telegramm war eine Privaturkunde. Als öffentliche Urkunde war es nicht anzusehen, da nicht zu erkennen war, welche Behörde es ausgestellt haben sollte; auch stellte es bloß einen amtlichen Bescheid dar, keine amtliche Bescheinigung zu öffentlichem Glauben für und gegen jedermann. Für eine Privaturkunde ist eine Unterschrift überhaupt nicht erforderlich; es genügt, daß sich der Aussteller aus dem Inhalt der Urkunde ermitteln läßt. Das war hier möglich, da nach dem Inhalt des Telegramms die Urkunde von einem Reichsamt ausgestellt war, bei dem Frau K. um Auszahlung des Betrags ersucht hatte. Die Urkunde war auch zum Beweis von Rechtsverhältnissen erheblich, da darin das Reichsamt die Überweisung angekündigt hatte. In dem Verhalten des W. lag also Beihilfe zur vollendeten schweren Fälschung einer Privaturkunde. Nach den Feststellungen des Berufungsgerichts hatten die beiden Angeklagten die Urkunde für eine öffentliche gehalten; es hatte darum Versuch der Fälschung einer öffentlichen Urkunde und Beihilfe dazu für gegeben erachtet. Dieser Auffassung trat das Reichsgericht nicht bei. Es lag kein Versuch am untauglichen Objekt, sondern ein Wahnverbrechen vor. § 59 StGB. führt zu zwei Ergebnissen. Erstens befreit ein Strafrechtsirrtum den Täter nicht, insbesondere auch dann nicht, wenn er trotz Fälschung einer öffentlichen Urkunde in Kenntnis aller Tatumstände sich einbildet, eine Privaturkunde gefälscht zu haben. Sodann sind bei einem Irrtum des Täters über Tatsachen, die zum gesetzlichen Tatbestand gehören oder die Strafbarkeit erhöhen, diese Umstände ihm nicht zuzurechnen. In beiden Beziehungen hat aber die Vorschrift auch nach der umgekehrten Richtung ihre Bedeutung. Nimmt der Täter in Kenntnis aller Tatumstände zu Unrecht an, seine Handlung sei strafbar, so hat er eine irrtümliche Erweiterung des Geltungsgebiets einer Strafrechtsnorm auf seine Handlung angenommen. Es kann dann sein Irrtum allein gegen ihn nicht als schuldbegründend in Betracht kommen, da er lediglich gegen eine in Wirklichkeit auf ihn gar nicht anwendbare Strafvorschrift zu verstoßen geglaubt hat; vielmehr liegt ein strafloses Wahnverbrechen vor. Ist der Täter in Kenntnis aller Umstände der Ansicht, ein von ihm mit einem bestimmten Inhalt fälschlich angefertigtes Papier sei eine Urkunde im Sinne des Strafrechts, so kann dieser Glaube allein das Papier nicht zur Urkunde und damit zum Gegenstand einer Urkundenfälschung machen. Das muß aber entsprechend auch gelten, wenn der Täter in Kenntnis aller Tatumstände aus strafrechtlichem Irrtum eine Privaturkunde als eine öffentliche Urkunde ansieht; sein Irrtum in diesem Sinn ist ebenfalls unbeachtlich, so daß er lediglich wegen Fälschung einer Privaturkunde zu strafen ist, obwohl er glaubt, eine öffentliche Urkunde verfälscht zu haben. Ganz anders liegt der Fall, wenn der Täter ein von einem Strafgesetz verlangtes Tatbestandserfordernis irrtümlich für vorliegend erachtet; dann ist ihm dieses nur in seinem Irrtum vorhandene Tatbestandserfordernis in Umkehr des § 59 StGB. zuzurechnen und es ist ein Versuch der Tat gegeben. Verkehrt ein Mann mit einem Mädchen in der irrigen Annahme, es sei seine Tochter, so liegt ein versuchtes Verbrechen der Blutschande vor, nicht ein Wahnverbrechen; er nimmt nicht irrig an, sein Tun sei verboten, vielmehr wäre sein Tun ein vollendetes Verbrechen, wenn der Tatbestand so gestaltet gewesen wäre, wie er annahm. Er befand sich nicht im Irrtum über das Strafgesetz, sondern in einem Irrtum über Tatumstände. Beurteilt dagegen der Täter den Sachverhalt, dessen Verwirklichung er erstrebt, rechtlich unzutreffend, z. B. als Betrug, so hat er lediglich den keinen Betrug enthaltenden Tatbestand rechtlich für einen solchen angesehen, der den Tatbestand des Betrugs schafft; ein solcher Rechtsirrtum genügt nicht zur Verurteilung wegen Betrugsversuchs. Wahnverbrechen und Versuch am untauglichen Objekt unterscheiden sich also begrifflich in folgendem: Jenes liegt vor, falls der Täter auf Grund eines richtig vorgestellten Sachverhalts den falschen Schluß zieht, seine Tat sei ein bestimmtes Verbrechen; dieser ist gegeben, wenn jemand unter falscher Annahme von Tatsachen, die zum Tatbestand des Verbrechens gehören, eine Tat begeht, die jenes Verbrechen darstellen würde, falls seine Irrtumsvorstellung richtig wäre. Im vorliegenden Fall hatten die Angeklagten aus den ihnen bekannten Tatsachen den rechtsirrtümlichen Schluß gezogen, es liege eine öffentliche Urkunde vor. Das genügte nicht, sie wegen versuchter Fälschung einer öffentlichen Urkunde zu verurteilen. (I, 5. Februar 1932.) Amtl. Sammlg. S. 124—127. Vgl. Bd. 42 S. 94; Bd. 44 S. 90; Bd. 47 S. 154, 190; Bd. 55 S. 142; Bd. 56 S. 318; Bd. 61 S. 161; Bd. 63 S. 76; Bd. 64 S. 238.

42. **Beamtenbeleidigung.** (StGB. §§ 185, 186.) In einer öffentlichen Versammlung äußerte der Redner: „In der Reichswehr und Schupo sind die Hälfte Halunken." Das Berufungsgericht hatte angenommen, daß die Beleidigung nicht in Bezug auf den Beruf der Angehörigen der Reichswehr und der Schutzpolizei begangen worden sei, da der Angeklagte lediglich einen Personenkreis abgegrenzt habe, dem er seine Mißachtung bezeugen wollte, nicht aber das Amt oder den Beruf der Reichswehrangehörigen oder der Schutzpolizeibeamten an und für sich in seinem Ansehen und seiner Achtung angegriffen und beeinträchtigt habe. Das Reichsgericht erklärte das für rechtsirrig. Schon daraus, daß nicht einzelne Beleidigte der Person nach, sondern nur nach ihrer Berufsstellung bezeichnet waren, ergab sich der Zusammenhang mit dem Beruf. Beleidigt waren aber alle Angehörigen der Reichswehr und der Schutzpolizei schon um deswillen, weil durch einen solchen Ausspruch der Verdacht, er sei ein Halunke, auf jeden von ihnen fallen mußte. Der innere Zusammenhang mit dem Beruf ergab sich aber auch ohne weiteres aus dem Sinne des Ausspruchs, obwohl dieser nicht eindeutig war. Wenn die Hälfte einer Körperschaft aus Halunken besteht, wird durch die Hälfte auch der in der Körperschaft herrschende Geist beeinträchtigt und es kann keine Ehre sein, einer solchen Körperschaft anzugehören. Der Ausspruch konnte aber auch in dem Sinne gemeint sein, der in den Körperschaften herrschende Geist sei der-

art, daß er die Mitglieder von ehrlosen Handlungen nicht abhalte, wenn nicht sogar sie so stark zu ihnen dränge, daß dem etwa die Hälfte unterliege. In diesem Sinne war die Beziehung auf den Beruf unmittelbar gegeben. (II, 8. Februar 1932.) Amtl. Sammlg. S. 128—129.

Vgl. Bd. 25 S. 151, 159.

43. Nebenklage. Rechtsmittel. (StPO. §§ 395, 399, 401.) Der Staatsanwalt und der Angeklagte hatten auf die Einlegung von Rechtsmitteln gegen das Urteil verzichtet. Ein noch nicht 18 Jahre altes Mädchen war zur Nebenklage berechtigt gewesen; sein Vater hatte aber den Anschluß nicht erklärt. Nunmehr tat er das, um Revision einzulegen. Das Reichsgericht erklärte das für unzulässig. Entscheidungen, die schon vor dem Anschluß ergangen und der Staatsanwaltschaft bekanntgemacht worden sind, können von dem Nebenkläger nicht mehr angefochten werden, wenn für die Staatsanwaltschaft die Frist zur Anfechtung abgelaufen ist; das gleiche muß gelten, wenn die Staatsanwaltschaft während des Laufes der Frist auf das ihr zustehende Rechtsmittel verzichtet hat. Die Tochter des Nebenklägers war während des Verfahrens gestorben; welche Wirkung das für die Nebenklage hatte, brauchte unter solchen Umständen nicht geprüft zu werden. (III, 15. Februar 1932.) Amtl. Sammlg. S. 129—131.

Vgl. Bd. 57 S. 240.

44. Konkurs. Beiseiteschaffen. Grundschuld. (KO. § 239.) Eine Frau belastete ein ihr gehöriges Grundstück mit Grundschulden zugunsten ihres Sohnes. Zwei Monate später wurde der Konkurs über ihr Vermögen eröffnet. Sie wurde wegen Beiseiteschaffen von Vermögensstücken verurteilt. Unter den Begriff des Beiseiteschaffens fällt eine rechtsgeschäftliche Veräußerung jedenfalls dann, wenn sie außerhalb des Rahmens ordnungsmäßiger Wirtschaftsführung mit dem Bewußtsein der Vereitelung oder Erschwerung eines Zugriffs der Gläubiger geschieht und ein entsprechender (besonders sofort greifbarer) Gegenwert durch die Veräußerung nicht erzielt wird. Als Veräußerung ist jede Verfügung des Schuldners über sein Vermögen anzusehen, welche die Möglichkeit der Befriedigung der Gläubiger verringert. Die Belastung eines Grundstücks bedeutet eine Veräußerung und ein Beiseiteschaffen von Vermögensstücken jedenfalls dann, wenn sie eine Vermögensverringerung in sich schließt und der Schuldner im Zusammenhang mit der Veräußerung seinem Vermögen keinen entsprechenden, sofort greifbaren Vermögenswert zuführt; auf diese Weise wird das Vermögensstück in seiner wirtschaftlichen Bedeutung der Verfügung der Gläubiger entzogen und es wird ihnen unmöglich gemacht, es in vollem Umfang zur Befriedigung heranzuziehen. (II, 15. Februar 1932.) Amtl. Sammlg. S. 130—132. Vgl. Bd. 2 S. 118; Bd. 8 S. 1; Bd. 12 S. 129; Bd. 38 S. 227; Bd. 61 S. 107; Bd. 62 S. 277.

45. **Urkundenfälschung. Ausfertigung. Beglaubigung.** (StGB. §§ 263, 267, 271, 272, 348, 349; HannLGemO. § 40, Anh. § 34.) Ein Gutsbesitzer wollte ein Hypothekdarlehen aufnehmen. Eine Hypothekenbank in Berlin war bereit, das Geld zu geben, wenn die Gemeinde die Bürgschaft übernahm. Der mit dem Gutsbesitzer befreundete Gemeindevorsteher erwirkte einen Beschluß des Gemeindeausschusses, wonach die Gemeinde die Bürgschaft für ein Darlehen von 135000 *GM* übernahm, das von der Berliner Hypothekenbank AG. gegeben werden sollte. Der Kreisausschuß genehmigte den Beschluß. Nach der Auszahlung des Darlehens ergab sich, daß eine weitere Kapitalaufnahme nötig war. Eine Hypothekenbank in Meiningen war zur Hergabe des Geldes bereit, verlangte aber ebenfalls Bürgschaft der Gemeinde. Da schon der frühere Beschluß nur schwer zustande gekommen war, bestand hiefür keine Aussicht. Der Gemeindevorsteher fertigte nun fälschlich einen Auszug aus dem Protokollbuch der Gemeinde an, wonach der Gemeindeausschuß beschlossen hatte, die Bürgschaft auch für dieses Darlehen zu übernehmen. Er und der Beigeordnete versahen den Auszug mit dem Richtigkeitsvermerk und ihren Unterschriften unter Angabe ihrer Amtsstellung; der Gemeindevorsteher drückte auch das Siegel bei. Dem Landrat wurde der Entwurf einer Bestätigung vorgelegt, wonach der Gemeindeausschuß beschlossen hatte, die Bürgschaft für ein Darlehen bis zu 135000 *GM*, das von einer Berliner Hypothekenbank gegeben werden sollte, zu übernehmen, und daß der Kreisausschuß die Genehmigung erteilt habe. In der Annahme, daß es sich um das gleiche Darlehen wie früher handle, unterzeichnete der Landrat die Bestätigung. Die Hypothekenbank in Meiningen zahlte darauf-

hin das Darlehen aus. Der Gutsbesitzer, der Gemeindevorsteher und der Vermittler des Darlehens wurden wegen gemeinschaftlichen, zum Nachteil der Hypothekenbank verübten Betrugs verurteilt; die Verurteilung wegen Urkundenfälschung wurde abgelehnt. Das erklärte das Reichsgericht für rechtsirrig. Falschbeurkundung hatte das Berufungsgericht deshalb nicht angenommen, weil der Gemeindevorsteher nach der Landgemeindeordnung für die Provinz Hannover nicht für die Beglaubigung von Abschriften zuständig sei und dem von ihm hergestellten Auszug also die Eigenschaft einer öffentlichen Urkunde fehle. Nach der Gemeindeordnung hat aber der Gemeindevorsteher die Beschlüsse in ein Protokollbuch einzutragen oder eintragen zu lassen und durch Namensunterschrift zu beglaubigen. Wenn es sich darum handelt, solche Beschlüsse im Rechtsverkehr zu verwenden, kann nicht das ganze Protokollbuch vorgelegt werden, das schon seiner Zweckbestimmung wegen bei der Gemeinde zu verbleiben hat. In solchen Fällen hat der Gemeindevorsteher ein zweites Stück des Beschlusses anzufertigen und vorzulegen. Ob man dieses als Auszug, Abschrift oder sonstwie bezeichnet, ist gleichgültig; in Wirklichkeit handelt es sich um eine an die Stelle der Urschrift tretende Ausfertigung, d. h. um eine zur Verwendung im Rechtsverkehr geeignete und bestimmte zweite Urschrift. Für deren Herstellung ist nur der Gemeindevorsteher zuständig. Die Mitunterzeichnung durch den Beigeordneten war nicht erforderlich; daß sie erfolgte, deutete um so sicherer darauf hin, daß das Zustandekommen eines Gemeindeausschußbeschlusses zu öffentlichem Glauben bezeugt werden sollte. Da das Berufungsgericht festgestellt hatte, daß der Vermittler die Bedenken des Gemeindevorstehers gegen dieses Vorgehen zerstreut hatte, war auch zu prüfen, ob nicht auf seiner Seite eine Beteiligung an der Handlung vorlag. Weiter wies das Reichsgericht auf die Möglichkeit hin, daß die Falschbeurkundung als selbständige, zur Vorbereitung des Betrugs dienende Straftat zu beurteilen war. Den Tatbestand der Erwirkung einer Falschbeurkundung hatte das Berufungsgericht deshalb verneint, weil der Landrat nicht über den Inhalt und die Bedeutung der ihm zur Unterschrift vorgelegten Bestätigung, sondern nur über deren Verwendungszweck getäuscht werden sollte und darum nichts Unrichtiges bestätigt habe. Auch das erklärte das Reichsgericht für unzutreffend. Ohne Bedeutung war, zu welchen Zwecken im Rechtsverkehr die Urkunde verwendet werden sollte und welche Vorstellung der Landrat hierüber hatte; entscheidend war vielmehr der Inhalt der Urkunde. Der Beschluß des Gemeindeausschusses hatte dahin gelautet, daß die Bürgschaft für ein von der Berliner Hypothekenbank-AG. zu gebendes Darlehen von 135000 *GM* übernommen werde; als geschehen beurkundete der Landrat einen Beschluß des Gemeindeausschusses, wonach die Bürgschaft für ein Darlehen b i s z u 135000 *GM* übernommen würde, das von e i n e r Berliner Hypothekenbank gegeben werden sollte. Die Verschiedenheit lag auf der Hand. In dem Beschluß handelte es sich um ein bei einer genau bezeichneten Gläubigerin aufzunehmendes Darlehen von bestimmter Höhe, in der Bestätigung des Landrats um ein nach der Gläubigerseite nicht bestimmtes und dem Betrag nach nur nach oben begrenztes Darlehen. Ohne diese Änderung wären die Täter nicht zum Ziel gelangt. Auch diese Straftat stand möglicherweise selbständig neben dem Betrug zum Schaden der Hypothekenbank. (III, 15. Februar 1932.)

Amtl. Sammlg. S. 132—139.

Vgl. Bd. 58 S. 280; Bd. 61 S. 314; Bd. 63 S. 148.

46. Republikschutz. Beschimpfung. Böswilligkeit. (Rep.-SchG. § 5.) In einer Zeitung wurde das Deutsche Reich als eine Republik der Bonzen und Geldsäcke bezeichnet. Das Berufungsgericht sprach den Verfasser des Aufsatzes frei, weil in dieser Bezeichnung keine Beschimpfung zu finden sei. Das Reichsgericht verwies die Sache zurück. Eine Beleidigung der Republik konnte schon darin liegen, daß ausgeführt wurde, diese sei dadurch gekennzeichnet, daß ohne Rücksicht auf die Erfordernisse des Gemeinwohls die Eigensucht der herrschenden Parteien den Staat lenke, daß unter Mißachtung sozialer Gedanken und Bedürfnisse die Leitung des Staates nur auf ein Wohlergehen der Vermögenden gerichtet sei. Da es nach einer vorgeschrittenen Staatsauffassung als verwerflich gilt, einen Staat in so eigensüchtiger Weise zu leiten mit dem Erfolg, daß nur wenige Volksgenossen Macht und Wohlleben genießen, während die große Masse immer weiter in Not und Elend gerät, muß die Behauptung, daß dies auf das Deutsche Reich zutrifft, als eine ihrem Inhalt nach sehr schwere und darum eine Beschimpfung darstellende Beleidigung anerkannt werden. Das Vorliegen der Böswilligkeit hatte das Berufungsgericht mit der Begründung verneint, daß der Angeklagte von der inhaltlichen Richtigkeit seiner Äußerung überzeugt gewesen sei. Auch das war rechtsirrig. Die Böswilligkeit setzt nicht mehr voraus als eine feindselige Gesinnung gegen den Angegriffenen, verbunden mit der Absicht, ihn zu schädigen oder zu kränken. Danach ist es durchaus denkbar, daß eine Behauptung böswillig aufgestellt wird, auch wenn der Behauptende von ihrer Richtigkeit überzeugt ist; er handelt dann böswillig, wenn er die Behauptung lediglich aufstellt in der aus seiner Feindseligkeit gegen den Gekränkten entspringenden Absicht, diesen verächtlich zu machen. (I, 19. Februar 1932.) Amtl. Sammlg. S. 139—141.

Vgl. Bd. 48 S. 176.

47. **Brandstiftung. Versuch. Vorbereitungshandlung.** (StGB. §§ 43, 306.) R. wollte das Wohnhaus seiner Mutter in Brand setzen. Zu diesem Zweck legte er eine elektrische Leitung in den mit Stroh gefüllten Dachboden und verband sie mit der im Haus befindlichen Lichtleitung in der Weise, daß beim Einschalten des Lichts ein in die Lichtleitung eingefügter Widerstand zum Glühen gebracht und von da das Stroh entzündet werden sollte. Das Schwurgericht sprach ihn von der Anklage der versuchten Brandstiftung frei. Das Reichsgericht verwies die Sache zurück. Ein über die Vorbereitungshandlungen hinaus gediehener strafbarer Versuch der Brandstiftung lag vor, wenn der Angeklagte nach der natürlichen Auffassung schon durch die Anbringung der Leitung eine Tätigkeit entfaltet hatte, die bei ungestörtem Fortgang, also in ihrem regelmäßigen Verlauf, unmittelbar zur Verwirklichung des Tatbestandsmerkmals des Inbrandsetzens des Gebäudes führte und eben wegen dieser Zusammengehörigkeit mit der zur Erfüllung des vollendeten Verbrechens erforderlichen Ausführungshandlung als deren Bestandteil erschien. Das wurde dadurch nicht ausgeschlossen, daß eine gutgläubige, nicht im einverständlichen Zusammenwirken mit dem Angeklagten handelnde Person den Strom einschaltete; eine solche weitere Tätigkeit menschlicher, lediglich als Werkzeug in Betracht kommender Kräfte war

im Ergebnis einem Wirken von Naturkräften oder einem sonstigen zufälligen Ergebnis gleichbedeutend. Anders wäre die Sache zu beurteilen gewesen, wenn der Angeklagte mit einer anderen Person vereinbart hätte, daß diese den Strom einschalten und dadurch die Entstehung des Brandes herbeiführen sollte. Wäre dann der Brand nicht hierdurch, sondern durch eine andere, von der Brandstiftungsanlage unabhängige Ursache herbeigeführt worden, so wäre auf Seite des Angeklagten nur eine Vorbereitungshandlung gegeben gewesen, weil seine Tätigkeit nach dem gesamten Plan nicht mit der Anbringung der Anlage ihren Abschluß fand, sondern durch das Handeln des Mittäters als unmittelbaren Täters fortgesetzt werden sollte. War aber festzustellen, daß der Mittäter im einverständlichen Zusammenwirken mit dem Angeklagten den Strom tatsächlich einschaltete und dadurch die Entstehung des Brandes verursachte, so lag in Mittäterschaft verübte vollendete Brandstiftung vor. (III, 22. Februar 1932.)

Amtl. Sammlg. S. 141—143.

Vgl. Bd. 51 S. 341; Bd. 54 S. 35; Bd. 57 S. 278; Bd. 59 S. 1.

48. **Einkommensteuer. Hinterziehung. Unterlassung.** (RAbgO. § 395.) Wegen Unterlassung der Voranmeldung für die Umsatzsteuer wurde eine Strafe ausgesprochen. Für den gleichen Zeitraum war der Angeklagte auch zu Voranmeldungen für die Einkommensteuer verpflichtet gewesen; insoweit wurde er freigesprochen, weil er sich über diese Pflicht in einem unverschuldeten Irrtum befand. Die Revision der Finanzbehörde hatte keinen Erfolg. Sie vertrat den Standpunkt, daß der Angeklagte durch die Unterlassung von Voranmeldungen zur Umsatzsteuer auch die Einkommensteuereinnahmen des Reichs verkürzte, insoferne als eine Veranlagung zur Umsatzsteuer zugleich auch die Heranziehung zur Einkommensteuer zur Folge gehabt hätte. Diese Erwägung ging rechtlich fehl. Nicht jede Unterlassung, die einen nach den Strafgesetzen erheblichen Erfolg herbeiführt, ist strafbar; vielmehr muß für den Unterlassenden im Einzelfall eine besondere Rechtspflicht gegeben sein, den Eintritt des Erfolgs durch ein Handeln zu verhindern. Der Angeklagte war nicht verpflichtet, durch Anmeldung der Umsatzsteuer den Eintritt einer Verkürzung der Einkommensteuer zu verhindern.

Nach dieser Richtung bestanden für ihn besondere Rechtspflichten, deren Nichterfüllung aber nach den Feststellungen des Berufungsgerichts wegen entschuldbaren Irrtums keine Strafbarkeit für ihn begründete. (II, 25. Februar 1932.) Amtl. Sammlg. S. 143—144.

Vgl. Bd. 45 S. 210; Bd. 46 S. 337.

49. **Pressevergehen. Verjährung. Unlauterer Wettbewerb. Inhalt einer Druckschrift.** (StGB. § 41; PreßG. § 22; UnlWG. § 4.) Der Geschäftsführer einer G. m. b. H. machte in Werbedrucken und anderen an einen größeren Kreis von Personen versandten Mitteilungen wissentlich unwahre Angaben über Geschäftsverhältnisse der Gesellschaft, um den Anschein eines besonders günstigen Angebots hervorzurufen. Er wurde wegen unlauteren Wettbewerbs verurteilt. Gegen den Einwand der Verjährung hatte das Berufungsgericht ausgeführt, daß es sich nicht um eine Druckschrift strafbaren Inhalts gehandelt habe, weil die Strafbarkeit der Angaben nicht aus dem Inhalt der Druckschrift zu entnehmen, sondern erst durch Vergleich der Angaben mit den wirklichen Verhältnissen, unter Umständen also erst nach langwierigen Ermittelungen, festzustellen gewesen sei. Dieser Auffassung trat das Reichsgericht nicht bei. Buchstäblich genommen ist allerdings der Inhalt einer Druckschrift niemals strafbar, weil immer nur das Verhalten, das Tun oder Unterlassen eines Menschen strafbar ist; eine Druckschrift strafbaren Inhalts ist aber anzunehmen, wenn der Grund, aus dem die Verbreitung einer Druckschrift bestraft wird, in ihrem Inhalt liegt. Unter dem Inhalt einer Druckschrift ist der Gedankeninhalt zu verstehen, den sie durch Wort, Bild oder Zeichen verkörpert, zu dessen Mitteilung an andere ihre Verbreitung dienen soll oder doch geeignet ist. Strafbarer Inhalt der Druckschrift kann hiernach nichts anderes sein als das, was nach dem Tatbestand der jeweils in Frage kommenden Zuwiderhandlung zu deren Verwirklichung Gegenstand der Mitteilung sein muß. Alle Umstände, die nicht selber Gegenstand der Mitteilung an andere sind, brauchen, auch wenn erst ihr Vorhandensein die Mitteilung strafbar macht, nicht aus der Druckschrift selbst ersichtlich zu sein. Die Druckschrift vertritt nur das Wort, ihre Verbreitung nur die mündliche Rede; es liegt kein Grund vor, die Strafbarkeit der Verbreitung einer Druckschrift an an-

dere Voraussetzungen zu knüpfen als die Strafbarkeit der entsprechenden mündlichen Erklärung. Eine Druckschrift strafbaren Inhalts liegt also schon dann vor, wenn die Druckschrift die in dem jeweils maßgebenden Tatbestand erforderte Erklärung enthält und außerhalb ihr die Umstände gegeben sind, von denen die Strafbarkeit der Erklärung nach dem in Betracht kommenden Tatbestand sonst noch abhängt. Daraus folgt für den Tatbestand des § 4 UnlWG., daß die Druckschrift lediglich die unwahren, zur Irreführung geeigneten Angaben über geschäftliche Verhältnisse zu enthalten braucht, daß aber weder die Unwahrheit und das Irreführende der Angaben noch auch die Absicht, den Anschein eines besonders günstigen Angebots hervorzurufen, aus der Druckschrift selbst ersichtlich zu sein brauchen. Nach der vom Berufungsgericht vertretenen Auffassung wäre eine Unbrauchbarmachung von Druckschriften in vielen Fällen selbst dann nicht zulässig, wenn sie so gemeingefährliche Mitteilungen wie die Preisgabe von Staatsgeheimnissen oder von Geheimnissen der Landesverteidigung enthielten. (II, 14. Dezember 1931.)

Amtl. Sammlg. S. 145—150.

Vgl. Bd. 35 S. 375; Bd. 42 S. 88, Bd. 53 S. 276.

50. Berufungsurteil. Ausbleiben des Angeklagten. Urteilsgründe. (StPO. §§ 34, 267, 329.) Der Angeklagte, der allein Berufung eingelegt hatte, blieb in der Verhandlung aus. Er hatte wegen einer unverschieblichen beruflichen Reise um Verlegung des Termins ersucht, war aber abgewiesen worden. Die Berufung wurde sofort verworfen; als Grund wurde angegeben, daß der Angeklagte in der Verhandlung ungeachtet der nachgewiesenen Ladung ohne genügende Entschuldigung ausgeblieben sei. Diese Begründung war unzulänglich. Die Gründe des Urteils müssen so beschaffen sein, daß aus ihnen die Gesetzmäßigkeit der Entscheidung, wenn sie angefochten wird, von dem mit der Nachprüfung befaßten Richter beurteilt werden kann. Hat der Angeklagte einen Entschuldigungsgrund vorgebracht, so muß die Begründung des Urteils den Inhalt des Vorbringens und die Erwägungen angeben, aus denen ihm die Anerkennung als Entschuldigungsgrund versagt worden ist. Die Entscheidung hierüber erfordert ein sorgfältiges Abwägen des Grundes des Ausbleibens gegenüber der Pflicht zum Erscheinen. Aus Obliegenheiten des

Angeklagten gegenüber seiner Familie, seinem Amt oder seinem Berufe kann sich ein Grund zum Ausbleiben entwickeln, der so schwer wiegt, daß die öffentlich-rechtliche Pflicht, sich als Angeklagter vor Gericht zu stellen, demgegenüber zurücktreten muß. Auch die Bedeutung der Sache, in der sich der Beklagte zu verantworten hat, verlangt ernste Beachtung. Die Rücksicht auf die Geschäftslage des Gerichts darf nicht in den Vordergrund gestellt werden. (II, 25. Februar 1932.)

Amtl. Sammlg. S. 150—152.

51. **Betrügerischer Bankerott. Verheimlichen von Vermögensstücken. Auskunftserteilung. Anfechtungsrecht. Absicht.** (KO. §§ 29, 37, 100, 239.) Eine Frau, über deren Vermögen der Konkurs eröffnet worden war, gab dem Konkursverwalter auf Befragen an, zur Eröffnung ihres Geschäfts von einem Kaufmann ein Darlehen von 1500 *RM* erhalten und dieses in drei Teilbeträgen zurückbezahlt zu haben. In Wirklichkeit hatte sie das Darlehen von ihrer Mutter erhalten und dieser in der angegebenen Weise zurückbezahlt. Ihre Verurteilung wegen betrügerischen Bankerotts wurde gebilligt. Vermögensstück im Sinne des § 239 KO. ist alles, was rechtlich zur Konkursmasse gehört; auch Anfechtungsansprüche fallen unter diesen Begriff. Die Angeklagte war also verpflichtet, dem Konkursverwalter über das zur Anfechtung berechtigende Verhältnis richtige Auskunft zu geben. Daß eine Benachteiligung der Masse durch die unrichtige Angabe eintritt, ist nicht notwendig; erforderlich ist nur, daß die Verheimlichung des Vermögensstücks mit der Absicht (d. h. mit dem bestimmten Vorsatz) unternommen wird, durch die Konkurshandlung die Gläubiger zu benachteiligen. (III, 29. Februar 1932.) Amtl. Sammlg. S. 152—153.

52. **Branntweinmonopol. Geheimbrennerei. Versuch. Vorbereitungshandlung.** (BranntwMonG. §§ 119, 147; StGB. § 43.) Eine geheim eingerichtete Brennerei wurde entdeckt, ehe sie völlig fertiggestellt und in Betrieb genommen war. Die Verurteilung wegen versuchter Hinterziehung von Monopoleinnahmen wurde vom Reichsgericht nicht bestätigt. Der Versuch beginnt mit der Ausführungshandlung; Ausführungshandlung ist das Verhalten, das begrifflich bereits unter den Tatbestand fällt, weil es im gegebenen Fall dem dort allgemein unter Strafe gestell-

ten Verhalten entspricht. Im Gegensatz dazu fallen unter die Vorbereitung alle Handlungen, die, den Tatbestandshandlungen vorausgehend, deren Vornahme ermöglichen oder erleichtern sollen, selbst aber noch nicht tatbestandsmäßig sind. Zum Tatbestand der Hinterziehung gehört die Bewirkung der Verkürzung von Einnahmen; begriffliche Voraussetzung für die Entstehung und Verkürzung eines Anspruchs auf die Monopoleinnahme ist aber, daß ein bereits fertiges oder wenigstens vermeintlich verwendungsbereites Branntweinerzeugnis unbefugt in den freien Verkehr gelangt. Will der Täter das Branntweinerzeugnis erst herstellen, so bildet den Anfang der Ausführung der Hinterziehung jede Maßnahme, welche die Zubereitung des Erzeugnisses zum Gegenstand hat und dazu dient, es verwendungsbereit für den Übergang in den freien Verkehr zu gestalten. Dieser Anfang der Ausführung ist aber nicht zu denken, ohne daß der in den Verkehr zu bringende Stoff selbst bereits irgendwie für diesen Zweck in Verwendung genommen ist. Die Herstellung der Geheimbrennerei war hiefür nur eine Vorbereitungshandlung. (II, 7. März 1932.) Amtl. Sammlg. S. 154—155.

Vgl. Bd. 61 S. 71; Bd. 62 S. 175.

53. Bankdepot. Verpfändung von Wertpapieren. Unterschlagung. (StGB. § 264; DepG. § 9.) Einem Bankhaus, das einer offenen Handelsgesellschaft gehörte, wurden Wertpapiere zur Aufbewahrung übergeben. Der Geschäftsführer, der zugleich Gesellschafter war, sandte die Papiere an eine andere Bank zur Deckung von Verbindlichkeiten. Er wurde wegen Unterschlagung verurteilt. Seine Revision hatte keinen Erfolg. Für die Frage, ob eine Unterschlagung oder ein Vergehen gegen das Depotgesetz vorlag, war entscheidend, ob in dem Verhalten des Angeklagten eine Aneignung zu finden war. Dem stand nicht entgegen, daß das Bankhaus ihm nicht allein gehörte, sondern in offener Handelsgesellschaft betrieben wurde; in der Zueignung der Wertpapiere an die Gesellschaft lag zugleich eine solche an den Angeklagten selbst, zumal er tatsächlich das Geschäft allein führte und daraus auch seinen Lebensunterhalt bezog. Die Verpfändung enthält allerdings nicht unter allen Umständen eine rechtswidrige Zueignung; eine solche liegt nicht vor, wenn der **Verpfänder auf Grund seiner Vermögensverhältnisse, ins-**

besondere seiner Einnahme- und Erwerbsquellen, die Überzeugung haben kann, die verpfändete Sache wieder rechtzeitig auslösen zu können, d. h. sobald der Eigentümer selbst von ihr Gebrauch machen will. Wer aber die fremde Sache ohne Wissen des Eigentümers für eigene Schuld verpfändet, ohne sich in dieser Weise gewiß zu fühlen, daß er sie jederzeit, sobald der Eigentümer sie zurückfordert, wieder einlösen kann, eignet sich damit die Sache zu; er kann nicht geltend machen, daß er sie nur vorübergehend habe beanspruchen wollen. So lag die Sache hier; der Angeklagte hätte, um die Wertpapiere auslösen zu können, ein Darlehen aufnehmen müssen und das war ihm nicht jederzeit möglich. (I, 8. März 1932.)

Amtl. Sammlg. S. 155—158.

Vgl. Bd. 11 S. 68; Bd. 26 S. 230.

54. Preßvergehen. Beweisvermutung. Verantwortlicher Schriftleiter. (PreßG. §§ 7, 20.) Die vorgeschriebene Angabe des verantwortlichen Schriftleiters bedeutet nur, daß der Öffentlichkeit ein Name angegeben werden muß; eine Beweisvermutung dafür, daß die genannte Person wirklich Schriftleiter ist, liegt darin nicht. Die Frage, wer wirklich Schriftleiter ist, kann nach allgemeinen Beweisgrundsätzen beantwortet werden. Erst gegen die Person, die wirklich Schriftleiter ist, gilt dann die Beweisvermutung des § 20. Im gegebenen Fall hatte der Angeklagte die Möglichkeit, sich über alles zu unterrichten und die zu bringenden Aufsätze anzusehen; damit war dargetan, daß er als Schriftleiter in Betracht kam. (I, 8. März 1932).

Amtl. Sammlg. S. 158—159.

Vgl. Bd. 27 S. 246.

55. Totschlag. Schwere Beleidigung. (StGB. § 213.) H. K. kam in einer Wirtschaft mit R. aus politischen Gründen in Streit. R. schlug ihn und zerriß ihm seine Parteiuniform. Er regte sich darüber sehr auf und erklärte, man habe ihm sein Heiligtum zerrissen, das könne er nicht vergeben. Im Laufe des Abends kam es wieder zu einem Streit zwischen ihm und R.; bei dieser Gelegenheit wurde er neuerdings mißhandelt. Er teilte den Hergang seinem Bruder L. K. mit; gemeinsam paßten sie dem R. beim Nachhauseweg auf und überfielen ihn. L. K. verletzte ihn so schwer, daß er starb. Er wurde wegen Totschlags verurteilt; die Milderung des § 213 StGB. wurde ihm versagt, weil für ihn die Beleidigung, die seinem Bruder zugefügt worden war, nicht so schwer gewesen sei, daß er sich zu solchen Züchtigungshandlungen, ja zur Tötung, habe hinreißen lassen dürfen. Seine Revision hatte Erfolg. Eine Erwiderung auf der Stelle hatte das Schwurgericht nicht abgelehnt, obwohl L. K. von der Beleidigung erst mehrere Stunden, nachdem sie vorgefallen war, Kenntnis erhielt und der Totschlag selbst wieder erst mehrere Stunden später erfolgte. Das Reichsgericht trat dieser Auffassung nicht entgegen, da nach der Feststellung des Schwurgerichts die dem H. K. zugefügte Kränkung den ganzen Abend hindurch fortwirkte. Irrig war aber die Auffassung des Schwurgerichts, daß die Schwere der Kränkung in einem gewissen Verhältnis zur Schwere der Tat gestanden haben müsse. Es kommt nur darauf an, ob eine Kränkung vorliegt, die über ein gewisses Maß hinausgeht und darum als schwere zu gelten hat. Ist eine solche Kränkung festgestellt und ist sie für den Totschlag ursächlich geworden, so bildet das die Grundlage für die Anwendung der milderen Strafe des § 213; eine solche wird nicht dadurch ausgeschlossen, daß bei einem Verhalten, wie es von einem verständigen Menschen erwartet werden mußte, der Täter sich zu der Tat nicht hätte hinreißen lassen dürfen. Soweit der Beleidigte nicht selbst den Totschlag verübt hat, kommt es für die Anwendung des § 213 StGB. nur darauf an, ob die dem Angehörigen des Totschlägers widerfahrene Beleidigung schwer war und ob der Totschläger dadurch zum Zorn gereizt und auf der Stelle zur Tat hingerissen wurde, nicht aber darauf, ob auch er die seinem Angehörigen zugefügte Beleidigung selbst als schwer empfunden hat. Indessen kann doch der Umstand, daß in dieser Beziehung zwischen dem beleidigten Angehörigen und dem Totschläger möglicherweise eine Wesensverschiedenheit besteht und daß, auch abgesehen hievon, allgemein derjenige, dem die Kränkung nicht selbst widerfahren ist, häufig sie nicht so schwer empfinden mag, zu einer tatrichterlichen Beurteilung dahin führen: der Totschläger sei durch die dem Angehörigen widerfahrene Kränkung nicht zum Zorn gereizt und weiter hierdurch zu der Tat hingerissen worden, sondern die Kränkung habe unter Zwischenschaltung weiterer Gedankengänge und Gefühlserregungen nur lediglich als der Anstoß zu dem Totschlag gewirkt, zu dem dann der Täter nicht durch den Zorn hingerissen worden ist; ferner kann bei einer solchen Sachlage die Frage, ob das Merkmal eines Handelns auf der Stelle vorliegt, bei dem nicht selbst gekränkten Totschläger tatsächlich anders zu beurteilen sein, als wenn der Gekränkte selbst unter dem fortwirkenden Einfluß der erlittenen Beleidigung zu einer dieser nicht unmittelbar folgenden Tat getrieben worden wäre. Zur Prüfung dieser Fragen wurde die Sache zurückverwiesen. (I, 8. März 1932.) Amtl. Sammlg. S. 159—163.

56. Richterliche Überzeugung. (StGB. § 261.) Ein Beamter, dem zwei Banknoten zum Zweck der Weiterbeförderung übergeben worden waren, lieferte davon nur eine ab. Wegen Amtsunterschlagung angeklagt berief er sich darauf, daß möglicherweise die andere Banknote zu Boden gefallen und von jemand, der in den Amtsraum kam, aufgehoben worden sei. Das Berufungsgericht hatte hiezu ausgeführt, daß diese Möglichkeit zwar sehr ferne liege, aber nicht völlig ausgeschlossen sei; das Verhalten des Angeklagten beweise aber mit einer an Sicherheit grenzenden Wahrscheinlichkeit seine Schuld, so daß die Annahme einer Unterschlagung durch derartig ferneliegende Möglichkeiten nicht ausgeräumt werden könne. Das Reichsgericht erklärte, daß das Urteil aufgehoben werden müßte, wenn diese Erwägungen so zu verstehen wären, daß das Berufungsgericht an der Schuld des Angeklagten gezweifelt, sich über den Zweifel aber hinweggesetzt hätte, weil er einen ganz geringen Grad nicht überschritten habe. Mit der für die Verurteilung erforderlichen Sicherheit ist der Tatbestand nur dann festgestellt, wenn das Urteil erkennen läßt, daß das Gericht von der Schuld des Angeklagten voll überzeugt ist. Besteht auch nur der leiseste Zweifel, so fehlt es an der für die Verurteilung notwendigen richterlichen Überzeugung. Dies wird nicht durch das Bewußtsein ausgeschlossen, daß jedes auf menschlicher Erkenntnis beruhende Urteil, mag es auch noch so sicher erscheinen, allen Fehlern und Irrtümern unterworfen ist, die durch die Unzulänglichkeit dieser Erkenntnis ihrerseits bedingt sind. Objektive Wahrheit ist nur gedanklich vorstellbar. Ihr Nachweis durch menschliche Erforschung und Erkenntnis ist begrifflich unmöglich. Auch dem Richter ist die Findung absoluter Wahrheit verschlossen; auch er kann sich nur auf

Grund der Abwägung des Für und Wider zu einer für sein richterliches Gewissen gültigen, also subjektiven oder relativen Wahrheit, nämlich zu der richterlichen Überzeugung durchringen. Unter diesem selbstverständlichen Vorbehalt ergeht jedes Urteil, ohne daß es eines Hinweises darauf bedarf. Die Zweifel, die sich dem Richter bei Anwendung seines begrenzten menschlichen Erkenntnisvermögens aufdrängen, müssen im Beratungszimmer restlos geklärt werden; das fertige Urteil muß von ihnen frei sein. Die Revision des Angeklagten wurde gleichwohl verworfen, weil angenommen wurde, daß es sich nur um eine ungenaue und schiefe Wendung handle, daß aber das Berufungsgericht von der Schuld des Angeklagten voll überzeugt gewesen sei. (III, 14. März 1932.)

Amtl. Sammlg. S. 163—165.

Vgl. Bd. 15 S. 338; Bd. 61 S. 202.

57. **Wohnung. Betriebsstätte. Gesetzesauslegung.** (Deutsch-Polnisches Abkommen vom 30. Dezember 1924; RG. vom 23. Juli 1925; FinAusglG. vom 23. Juni 1923 § 10.) Nach Artikel 17 des Deutsch-Polnischen Abkommens über Erleichterungen im kleinen Grenzverkehr vom 30. Dezember 1924 steht den Eigentümern oder Nutzungsberechtigten von land- und forstwirtschaftlichen Grundstücken im Zollgrenzgebiet eines der beiden Länder, deren Wohnungen oder Betriebsstätten von den dazugehörigen Nutzungsflächen durch die Grenze getrennt sind, soweit ihr Besitz eine wirtschaftliche Einheit bildet, das Recht zu, Erträgnisse oder Erzeugnisse ihres Besitzes zollfrei über die Grenze zu befördern, soweit dies nach Art und Menge der Art und Ausdehnung dieses Betriebs entspricht. Das Berufungsgericht hatte angenommen, daß die Wohnung nur dann maßgebend sei, wenn es an einer besonderen Betriebsstätte fehle. Dieser Auslegung stand schon der Wortlaut und die Fassung der Vorschrift entgegen; nachdem die Wohnung an erster Stelle genannt ist, geht es nicht an, ihr nur für den doch recht seltenen Fall Bedeutung beizulegen, daß eine Betriebsstätte überhaupt nicht vorhanden ist. Daß eine besondere Betriebsstätte vorhanden sein muß, findet in dem Abkommen keine Stütze; sie kann auch mit der Wohnung verbunden sein. Sinn und Zweck der Vorschriften des Abkommens gehen offenbar dahin, den Eigentümern oder Nutzungsberechtigten,

deren Wohnungen von der Nutzungsfläche durch die Grenze getrennt sind, es auch weiterhin zu ermöglichen, die Erträge oder Erzeugnisse des Grundstücks zur Verwendung in ihrem Haushalt so wie bisher in ihre Wohnungen zu schaffen, anderseits aber auch, ungehemmt von Zoll- und Einfuhrschranken, die wirtschaftlichen Beziehungen aufrechtzuerhalten, die sie von der Wohnung aus für eine weitere Verwendung und Verwertung der Erträgnisse in dem Lande angeknüpft haben, in dem die Wohnung gelegen ist. Voraussetzung für die Anwendbarkeil der Vorschriften ist, daß sowohl die Nutzungsfläche als die Wohnung im Zoll-Grenzbezirk gelegen sein muß. Außerdem müssen zwischen der Nutzungsfläche und der Wohnung wirtschaftliche Beziehungen vorhanden sein; für den Fall, daß die Einträge oder Erzeugnisse nicht in die Wohnung des Eigentümers oder Nutzungsberechtigten, sondern anderswohin gebracht werden, gelten die Vorschriften nicht. Der Begriff Betriebsstätte war vom Berufungsgericht zu eng ausgelegt worden. Es hatte darunter nur die unmittelbar für die jenseits der Grenze liegende Nutzungsfläche in Frage kommende Betriebsstätte angesehen, nicht aber den Sitz einer etwaigen übergeordneten Verwaltung. Diese Auslegung wurde dem Sinn und Zweck des Abkommens nicht gerecht. Wenn es sich beim Abkommen auch um ein zwischenstaatliches Gesetz handelte, so war doch anzunehmen, daß der deutsche Gesetzgeber, wenn er diesen Begriff, ohne ihn besonders zu erläutern, für die Frage der Zollfreiheit verwendete, dabei von ähnlichen Erwägungen ausging wie bei der Verwendung des Begriffs in der neuen Reichsgesetzgebung auf gleichartigen Gebieten, besonders auf dem Gebiete des Steuerrechts. Nach § 10 FinAusglG. vom 23. Juni 1923 ist Betriebsstätte im Sinne dieses Gesetzes jede feste örtliche Anlage oder Einrichtung, die der Ausübung des Betriebs eines stehenden Gewerbes dient. Außer dem Sitz des Betriebs gelten hiernach als Betriebsstätte: Zweigniederlassungen, Fabrikstätten, Ein- und Verkaufsstellen, Kontore und sonstige zur Ausübung des Gewerbes durch den Unternehmer selbst, seine Geschäftsteilhaber, Prokuristen oder andere ständige Vertreter unterhaltene Geschäftseinrichtungen. Von dieser Begriffsumschreibung ist auch bei der Auslegung des Abkommens auszugehen. Hiernach ist die Begrenzung des Begriffs Betriebsstätte auf Anlagen, die unmittelbar der Erzeugung und Bearbeitung der Erträge dienen, nicht angängig; es muß darunter in jedem Fall auch die Stelle verstanden werden, an der sich die Leitung des Betriebs befindet, d. h. die Leitung, die über Bearbeitung, Verarbeitung, Verwendung und Veräußerung der Erzeugnisse die maßgebenden Anordnungen zu treffen hat. Nur ist insoweit, da für die Vorschriften in besonderem Maße nur wirtschaftliche Gesichtspunkte in Betracht kommen können, der Begriff der Betriebsstätte auf den Ort der unmittelbaren Leitung, von dem diese Maßnahmen ausgehen, zu beschränken; auf das etwaige Vorhandensein von Aufsichts- oder sonstigen übergeordneten Stellen kann es nicht ankommen. Anderseits wäre es irrtümlich, wenn das Berufungsgericht den Begriff der Betriebsstätte auf jene Anlagen beschränkte, die begriffsnotwendig zur landwirtschaftlichen Urerzeugung gehören. Der Zweck der Vorschriften, die beteiligten Grenzbewohner für die Bewirtschaftung ihres Grundbesitzes und die Verwertung ihrer Erzeugnisse tunlichst von den durch die Grenzziehung eingetretenen Zoll- und Einfuhrbeschränkungen zu befreien, muß dahin führen, zu Betriebsstätten im Sinne des Abkommens jede Anlage zu zählen, die zur Weiterverarbeitung und Verarbeitung der Erzeugnisse bestimmt ist. Für die Anwendung des Abkommens ist kein Raum, wenn durch eine erst nach der Grenzziehung getroffene Maßnahme die Nutzungsfläche von der Wohnung oder Betriebsstätte getrennt worden ist. (II, 14. März 1932.) Amtl. Sammlg. S. 165—172.

58. **Auslieferung. Spezialität. Tateinheit. Rechtsmittelbeschränkung.** (AuslG. § 6; Württ.-Franz. AuslV. von 1853 Art. 5, 8; StGB. §§ 73, 74, 263, 267, 268; StPO. §§ 260, 264.) Wegen dreier Vergehen des Betrugs wurde die Auslieferung aus Frankreich bewilligt. In der Hauptverhandlung ergab sich, daß in zwei Fällen Tateinheit mit schwerer Urkundenfälschung gegeben war. Der Angeklagte erklärte sich bereit, sich auch hiewegen aburteilen zu lassen. Gegen das Urteil legten sowohl er als der Staatsanwalt Revision ein, beschränkten diese aber auf das Strafausmaß. Das Reichsgericht ging auf die Frage ein, ob nach Auslieferungsrecht die Aburteilung wegen Urkundenfälschung zulässig war. Dem stand nicht entgegen, daß der Angeklagte auf die Geltendmachung dieses Ein-

wands verzichtet hatte; es handelte sich um eine Voraussetzung des Verfahrens und deren Vorhandensein ist stets von Amts wegen zu prüfen. Demzufolge machte es auch nichts aus, daß die Revision auf die Straffrage beschränkt worden war. Die Revision hatte keinen Erfolg. Der Verurteilung eines ausgelieferten Angeklagten auf Grund eines anderen als des im Auslieferungsbescheid angeführten Strafgesetzes steht nichts im Wege, soferne nicht der Veränderung des rechtlichen Gesichtspunktes durch die Bestimmungen des Auslieferungsbescheides oder durch die Vorschriften des anzuwendenden Auslieferungsvertrages Grenzen gesetzt sind. Im vorliegenden Fall traf diese Ausnahme nicht zu. Der Auslieferungsbescheid enthielt keinerlei Einschränkungen. Die Vorschrift des Auslieferungsvertrags, daß im Haftbefehl die zur Anwendung kommenden Bestimmungen des Strafgesetzes zu bezeichnen sind, hat nur die Bedeutung, daß der auswärtigen Regierung die Grundlagen für die Prüfung der Frage verschafft werden sollen, ob die Straftat zu denen gehört, wegen deren vertragsmäßig die Auslieferung zu bewilligen ist; dagegen berührt diese Vorschrift nicht die Frage der Spezialität der Auslieferung. In dieser Hinsicht bestimmt der Vertrag nur, daß eine bei der Auslieferung als gemeines Verbrechen verurteilte Tat nicht gestraft werden darf, wenn sie sich später als politisches Verbrechen erweist. Die reichsgerichtliche Rechtsprechung nimmt an, daß die Bestrafung eines Ausgelieferten auf Grund eines anderen als des der Auslieferung zugrunde gelegten Strafgesetzes nur zulässig ist, wenn die durch das andere Strafgesetz bedrohte Tat selbst wieder zu den im Vertrag vorgesehenen Auslieferungsverbrechen gehört. Auch diesem Erfordernis war genügt. (I, 15. März 1932.) Amtl. Sammlg. S. 172—175.

Vgl. Bd. 45 S. 271; Bd. 64 S. 183; Bd. 65 S. 106.

59. **Konkurs. Warenverschleuderung. Kreditbetrug. Erfüllungsgeschäft. Entnahme.** (KO. § 240; StGB. § 263.) Ein Kaufmann, der in geschäftliche Schwierigkeiten geraten war, bezog kurz vor der Zahlungseinstellung Zigarren auf Kredit und verkaufte sie zum Teil erheblich unter ihrem Werte; in einigen Fällen hatten sich die Verkäufer das Eigentum vorbehalten. Das Berufungsgericht sprach ihn von der Anklage eines Konkursvergehens frei, weil bei der Würdigung der in Frage kommenden Verkäufe in

ihrer Gesamtheit nur ein Verlust von 12% gegenüber den Verkaufspreisen festgestellt werden könne und somit der Erlös nicht erheblich unter dem Werte liege. Die Frage, ob ein Verlust von 12% nicht erheblich sei, bezeichnete das Reichsgericht als tatsächlicher Art und daher der Nachprüfung entzogen; für rechtsirrig erklärte es aber die Auffassung des Landgerichts, daß nicht das einzelne Geschäft gesondert zu würdigen sei, sondern die Gesamtheit der in Betracht kommenden Geschäfte. Diese Annahme findet im Gesetz keine Stütze; sie würde auch dazu führen, daß die Anwendung der Vorschrift in der Regel ausgeschlossen wäre. Nach dem aus dem klaren Gesetzeswortlaut sich ergebenden Willen des Gesetzgebers ist vielmehr das einzelne Kreditgeschäft und die dadurch erlangte und dann weiterveräußerte Ware der Prüfung zu unterstellen. Nicht anwendbar war die Vorschrift des § 240 Abs. 1 Nr. 2 KO., soweit die Waren unter Eigentumsvorbehalt bezogen waren. Die Vorschrift dient dem Schutz der Konkursgläubiger; sie setzt voraus, daß durch die Handlung das dem Konkurs unterworfene Vermögen des Gemeinschuldners betroffen wird, daß also die veräußerten Waren im Falle ihres Verbleibens im Vermögen des späteren Gemeinschuldners zur Konkursmasse gehört hätten. Das ist nicht der Fall bei Gegenständen, an denen anderen Personen im Konkurs ein Aussonderungsrecht oder ein Recht auf abgesonderte Befriedigung zustände. Auf die Verschleuderung von Waren, die unter Eigentumsvorbehalt gekauft worden sind, kommen darum nur die Vorschriften über Unterschlagung und Untreue zur Anwendung. Unter dem Ausdruck „Entnehmen" ist darum der Erwerb des Eigentums und des Besitzes zu verstehen. Dagegen trifft die Vorschrift auf jene Fälle zu, in denen der Gemeinschuldner das Eigentum an den Waren durch Kreditbetrug, also auf strafbare und anfechtbare Weise, erlangt hat. Daß der der Übereignung der Waren zugrunde liegende Kaufvertrag anfechtbar war, hinderte nicht, daß die Ware zunächst in das Eigentum des Gemeinschuldners überging und dem Zugriff der Gläubiger bereit stand. Auch die Anfechtung des Kaufvertrags hätte nicht ohne weiteres die abstrakte Einigung über den Eigentumsübergang mit ergriffen, sondern nur einen persönlichen Anspruch aus unerlaubter Handlung oder ungerechtfertigter Bereicherung auf Rückgabe des Kaufgegenstandes nach sich gezogen, der ein Aussonderungsrecht des Gläubigers im Konkursverfahren nicht begründen konnte. Auch wenn neben dem Kaufvertrag das daraus sich ergebende Erfüllungsgeschäft (die Übertragung des Eigentums an der Ware auf den Käufer) von der Täuschung beeinflußt und darum selbst anfechtbar war, blieb doch bis zur Anfechtung die Ware im Eigentum des Käufers und war dem Zugriff der Konkursgläubiger unterworfen; es hätte daran also bis zu diesem Zeitpunkt eine nach § 240 Abs. 1 Nr. 2 KO. strafbare Verschleuderung begangen werden können. Zu prüfen war aber noch, ob in diesen Fällen der Betrug mit dem Konkursvergehen eine Tateinheit bildete. Die Handlung des Betrugs lag im Kaufvertrag; beendet war aber der Betrug erst mit der von vorneherein erstrebten Vertragserfüllung. In dem Erfüllungsgeschäft wirkte also das betrügerische Verhalten des Täters weiter. Erst mit der Vertragserfüllung erhielt der schon mit der Eingehung des Vertrags entstandene Schaden den vom Vorsatz des Täters erfaßten Umfang; der Betrug, wie der Täter ihn sich vorgestellt hatte, war erst vollendet, wenn der Vertrag erfüllt war. Diese Vertragserfüllung bildete zugleich den ersten Teilakt des Konkursvergehens, das Entnehmen der Ware. Somit lag Tateinheit vor und mußte auch die Verurteilung wegen Betrugs aufgehoben werden. (III, 17. März 1932.)

Amtl. Sammlg. S. 175—181.

Vgl. Bd. 38 S. 330; Bd. 45 S. 170; Bd. 48 S. 217, 293; Bd. 60 S. 273; Bd. 66 S. 285, 390; Bd. 69 S. 13; Bd. 70 S. 55.

60. Heilbehandler. Aufklärungspflicht. Fahrlässige Körperverletzung. Gesundheitsschädigung. Ursächlicher Zusammenhang. (StGB. § 232.) Eine Frau ließ sich von einem berufsmäßigen Heilbehandler untersuchen. Dieser eröffnete ihr, es stehe sehr ernst um sie; sie habe Anlage zu Krebs; es seien auch schon Anfänge der Krankheit vorhanden. Er versprach ihr, sie zu heilen, verschrieb ihr eine Arznei und bestellte sie wieder. Sie geriet über diese Eröffnung in große Erregung; es entwickelte sich ein Zustand schwerer Niedergeschlagenheit und sie mußte schließlich als geisteskrank in eine Anstalt gebracht werden. Das Berufungsgericht sah als erwiesen an, daß der Angeklagte durch Fahrlässigkeit die geistige Erkrankung der Frau verursacht habe. Das Reichsgericht verwies die Sache zurück. Grundsätzlich hat der Kranke, der sich einem Heilbehandler (Arzt oder Heilkundigen) anvertraut, den Anspruch, von diesem wahrheitsgemäß über die Natur seines Leidens unterrichtet zu werden. Gerade bei einem Heilkundigen kann die Pflicht zur Angabe der vollen Wahrheit, auch über den Ernst des Leidens, besonders dringend sein, weil er nur dann vom Kranken eine so peinliche Befolgung seiner Vorschriften erwarten kann, wie sie auch nach seiner Lehre erforderlich ist, damit nicht jede Aussicht auf Erfolg schwindet; auch kann eine völlige Aufklärung deswegen nötig sein, damit der Kranke seine häuslichen und geschäftlichen Angelegenheiten entsprechend bestellen kann. Die Art, wie der Heilbehandler den Kranken aufklärt, ist in der Hauptsache eine Frage des ärztlichen Taktes. Nicht jede Verletzung des Taktes enthält aber schon einen Kunstfehler. Ob ein solcher vorliegt, sei es, weil mit Rücksicht auf die gegebenen und bei der gebotenen Sorgfalt erkennbaren besonderen Umstände die unbeschränkte Kundgebung der Wahrheit überhaupt, sei es, weil die Art, in der sie geschah, die Heilung nach den Erfahrungen und Lehren der ärztlichen Wissenschaft nur ungünstig beeinflussen konnte, wird regelmäßig nur durch Vernehmung von Sachverständigen zu ermitteln sein. Daß das Berufungsgericht geprüft hatte, ob und wieweit dem Angeklagten ein ärztlicher Kunstfehler zur Last fiel, stand nicht außer Zweifel. Auch die Beurteilung der Verursachung gab zu Bedenken Anlaß. Das Berufungsgericht hielt für erwiesen, daß durch die schonungslose Aufklärung über die Krebserkrankung der Ausbruch der Geisteskrankheit jedenfalls mit verursacht worden sei. Das ließ nicht klar erkennen, ob nach seiner Auffassung die Geisteskrankheit überhaupt nicht oder nicht in dem Grade ausgebrochen wäre, wenn der Angeklagte die Frau über ihre Krankheit nicht oder nicht so schonungslos aufgeklärt hätte. Der ursächliche Zusammenhang wird zwar nicht dadurch beseitigt, daß außer der Handlung des Täters noch andere Umstände zur Herbeiführung des Erfolgs mitgewirkt haben; durch jene braucht auch nicht die überwiegende Bedingung für den Eintritt des Erfolgs gesetzt worden zu sein. Voraussetzung für die Feststellung des ursächlichen Zusammenhangs ist aber jedenfalls, daß die Handlung des Täters nicht weggedacht werden kann, ohne daß zugleich der Erfolg entfiele. Diese Voraussetzung war nicht einwandfrei nachgewiesen. In Frage kam endlich noch, ob es im Rahmen allgemeiner Erfahrung liegt und darum vom Angeklagten vorausgesehen werden konnte, daß auch bei einem Menschen, bei dem eine Grundlage für eine Geisteskrankheit noch nicht vorhanden ist, eine solche dadurch hervorgerufen werden kann, daß er von einem Heilbehandler über seine Krankheit unterrichtet wird. Eine derart weite Ausdehnung der Vorhersehbarkeit erklärte das Reichsgericht für bedenklich. Soweit bei der Frau Umstände vorlagen, die den Ausbruch einer Geisteskrankheit begünstigten, war nicht klar festgestellt, daß der Angeklagte sie kannte oder mit ihnen rechnen konnte. Im neuen Verfahren war auch zu prüfen, ob bei und nach der Untersuchung und vor Ausbruch der eigentlichen Geisteskrankheit eine über die Erregung von Bestürzung, Angst und Schrecken, über die Erschütterung des seelischen Zustandes hinausgehende Verschlechterung des körperlichen Befindens der Frau, also eine körperliche Mißhandlung oder Gesundheitsbeschädigung herbeigeführt worden war, für die den Angeklagten ein Verschulden traf. (II, 29. Februar 1932.) Amtl. Sammlg. S. 181—185.

Vgl. Bd. 32 S. 213.

61. Kraftfahrlinie. Gesetzesauslegung. Ausführungsvorschrift. (KraftfFahrLG. §§ 1, 5; KraftFahrLVO. §§ 1, 6, 80). Der Inhaber eines Fuhrbetriebs schickte mehrere Monate hindurch nahezu täglich zweimal Kraftwagen an den in einer anderen Gemeinde gelegenen Bahnhof zu den Zügen und beförderte von dort alle Personen, die von der Einrichtung Gebrauch machen wollten, gegen ein dem Postpreis angeglichenes Entgelt zur Stadt; die Wagen fuhren jeweils kurz vor oder nach den Postkraftwagen ab und hielten auch in der Nähe der Posthaltestelle. Damit waren alle Merkmale eines Kraftlinienbetriebs erfüllt. Kraftfahrlinien sind Unternehmungen, die dem öffentlichen Verkehr dienen und durch Kraftfahrzeuge Personen über die Grenze eines Gemeindebezirks hinaus auf bestimmte Strecken mit einer gewissen Regelmäßigkeit und Häufigkeit gegen Entgelt befördern; ausgenommen sind nur die Rundfahrten. Nach der Kraftfahrlinienverordnung ist eine gewisse Regelmäßigkeit und Häufigkeit gegeben, wenn der Verkehr auf einen längeren Zeitraum berechnet ist, so daß die

Öffentlichkeit sich darauf einrichten kann; es ist nicht notwendig, daß ein Fahrplan mit genau bestimmten Ankunfts- und Abfahrtzeiten im voraus festgelegt ist. Diese Auslegung des Gesetzes ist allerdings für die Gerichte an sich nicht bindend, weil der Reichsregierung zwar die Ermächtigung erteilt ist, die zur Durchführung des Gesetzes erforderlichen Vorschriften zu erlassen, nicht aber, die im Gesetz verwendeten Begriffe verbindlich (authentisch) auszulegen; die in den Durchführungsvorschriften enthaltenen Begriffsbestimmungen können nur wichtige Anhaltspunkte für den gesetzgeberischen Willen geben. Allein die in der Kraftfahrlinienverordnung hervorgehobenen Merkmale der Kraftfahrlinie entsprechen, auch wenn sie im Gesetz nicht genannt sind, dem Sinne des Gesetzes, sind also in Wirklichkeit schon dort enthalten. Eine gewisse Regelmäßigkeit und Häufigkeit ist auch dann anzunehmen, wenn nur nahezu täglich gefahren wird, wenn also aus irgendwelchen Gründen die eine oder andere Fahrt ausfällt. Für einen längeren Zeitraum berechnet ist der Verkehr auch dann, wenn er nur in den Saisonmonaten stattfindet. Betriebspflicht gehört nicht zu den wesentlichen Merkmalen des Kraftfahrlinienbetriebs; sie kann dem Unternehmer einer Kraftfahrlinie auferlegt werden, soweit das im öffentlichen Interesse geboten ist. (I, 11. März 1932.)

Amtl. Sammlg. S. 185—187.
Vgl. Bd. 119 S. 435.

62. Dienstsache. Ungehorsam. Dienst unter den Waffen. Schauvorführung. (MStGB. §§ 12, 95, 98.) Gelegentlich eines Festes sollte auch das bespannte Exerzieren einer Batterie vorgeführt werden. Die Teilnehmer hatten sich freiwillig gemeldet. Ein Unteroffizier, der ein Geschütz zu bedienen hatte, betrank sich; der Wachtmeister forderte ihn deshalb im Auftrag des Batterieführers auf, sich von der Batterie wegzubegeben. Er leistete keine Folge, trat vielmehr an sein Geschütz und gehorchte erst einem wiederholten Befehl. Die Verurteilung wegen Verweigerung des Gehorsams vor versammelter Mannschaft und unter den Waffen wurde vom Reichsgericht bestätigt. Ein Befehl in Dienstsachen ist jeder Befehl eines militärischen Vorgesetzten, der die Ausführung oder Unterlassung einer bestimmten Diensthandlung bezweckt. Eine Versammlung zu militärischem Dienst liegt vor, wenn der Dienst auf

Befehl und unter der Aufsicht oder dem Kommando eines Vorgesetzten stattfindet. Daß der Dienst als solcher bereits ausgeübt wird, ist nicht erforderlich; es genügt, wenn die Soldaten zum militärischen Dienste versammelt sind. Waffendienst ist der Dienst mit oder an der dienstlich vorgeschriebenen Waffe; das bloße Waffentragen genügt nicht. Als Waffendienst ist insbesondere der Exerzierdienst anzusehen; auch hier ist nicht erforderlich, daß der eigentliche Waffendienst schon im Gang ist, vielmehr genügt, daß der Täter zum Zwecke des Waffendienstes unter dem Befehl eines Vorgesetzten steht. Daß das Exerzieren nur als Schauvorführung gedacht war und daß die Teilnehmer sich freiwillig gemeldet hatten, schloß das Vorliegen dieser Begriffsmerkmale nicht aus; die Teilnehmer waren, wenn auch auf Grund freiwilliger Meldung, zu der Veranstaltung kommandiert und somit handelte es sich um eine in den militärischen Pflichtenkreis fallende, militärischen Zwecken dienende, auf Befehl vorgenommene Verrichtung, um eine Dienstsache. Die Annahme, daß militärischer Dienst nur der Dienst zum Zwecke der Ausbildung des Heeres für Sicherheits- und Kriegszwecke sei, findet im Gesetz keine Stütze. Der Wachtmeister hatte seinen Befehl in einer derben Form gegeben; damit war aber der Begriff einer vorschriftswidrigen Behandlung noch nicht erfüllt. (III, 21. März 1932.)

Amtl. Sammlg. S. 187—191.

Vgl. Bd. 59 S. 330; Bd. 64 S. 66; RMG. Bd. 2 S. 136; Bd. 7 S. 84; Bd. 14 S. 74, 128; Bd. 16 S. 151; Bd. 19 S. 70; Bd. 20 S. 29.

63. **Waffenmißbrauch. Führen einer Waffe.** (Waff.-MißbrG. § 1.) Ein Wanderer trug an seinem Gürtel in einer Lederscheide ein am Griff feststehendes Messer, das er zur Zerkleinerung von Lebensmitteln gebrauchte. Er wurde wegen Führens einer Stoßwaffe verurteilt. Das Reichsgericht verwies die Sache zurück. Als Waffen sind Werkzeuge anzusehen, die ihrer Natur nach dazu bestimmt sind, durch Hieb, Stoß oder Stich Verletzungen beizubringen. Ob Messer mit feststehender Klinge darunter fallen, ist nach den Umständen des einzelnen Falles zu beurteilen, wobei auch die örtlichen Gepflogenheiten zu berücksichtigen sind. Das Berufungsgericht hatte darauf Gewicht gelegt, daß das Messer schon durch seine Un-

terbringung in einer Lederscheide und sein sichtbares Tragen am Gürtel den Eindruck einer Waffe erweckte. Darauf kam es nicht an. Ein Gegenstand, der den Eindruck einer Waffe erweckt, braucht deshalb noch keine Waffe zu sein; und die Geeignetheit eines Gegenstandes zur Herbeiführung von Verletzungen allein genügt nicht, um ihn zu einer Waffe zu stempeln. So ist z. B. ein Feuerwehrbeil trotz seiner Geeignetheit, Verletzungen hervorzurufen, keine Waffe, und zwar auch dann nicht, wenn es äußerlich sichtbar getragen wird. Entscheidend war, ob das Messer nach der Art seiner Anfertigung oder nach allgemeiner oder wenigstens nach der am Tatort herrschenden Verkehrsauffassung eine Waffe im technischen Sinne und seiner Natur nach zur Beibringung von Hieb- oder Stichverletzungen bestimmt war. Weiter war auch nicht festgestellt, daß der Angeklagte die Waffe (wenn das Messer eine solche war) geführt hatte. Das bloße Weiterschaffen (Transportieren) erfüllt diesen Begriff nicht; vielmehr ist von Führen einer Waffe nur zu reden, wenn diese als solche, um ihrer selbst willen getragen wird, um damit ausgerüstet zu sein, sei es auch nur zu dem Zweck, um mit ihr zu drohen, oder um andere von einem Angriff abzuschrecken. Daß eine Waffe entgegen ihrer objektiven Zweckbestimmung auch zu anderen Zwecken (z. B. zum Zerkleinern von Lebensmitteln) benützt wird, macht nichts aus. (III, 7. April 1932.)

Amtl. Sammlg. S. 191—194.

Vgl. Bd. 18 S. 367; Bd. 55 S. 17.

64. Zollhinterziehung. Eisenbahnbeamter. Zollstelle im Ausland. Vorentscheidung der Finanzbehörde. (StGB. §§ 3, 4; VZG. §§ 59, 135, 136; RAbgO. §§ 396, 397, 468, 478.) Ein Lokomotivführer wollte Zigarren, die er in der Tschechoslowakei gekauft hatte, unverzollt nach Deutschland bringen. Die Tat wurde entdeckt, ehe er die Zigarren auf die Lokomotive bringen konnte. Er wurde wegen unternommener Zollhinterziehung verurteilt; seine Revision hatte keinen Erfolg. Daß der Angeklagte, während er sich auf einer Bahnstation im Ausland befand, dem Vorsteher und den Aufsichtsbeamten dieser Station unterstellt war, enthob ihn nicht von den Verpflichtungen, die sich aus dem Vereinszollgesetz ergaben. Wenn die dienstliche Tätigkeit des Angeklagten diesem nicht genügend Zeit ließ, um die vorgeschriebene Deklaration im

Zollrevisionshaus zu erfüllen, blieb ihm nichts übrig, als einen Vertreter mit der Erfüllung dieser Pflichten zu betrauen oder von der Mitführung der Ware Abstand zu nehmen. Eine Sonderstellung der Eisenbahnbeamten, soweit es sich um die Erfüllung von Zollverpflichtungen handelt, die mit ihrer amtlichen Tätigkeit in keinem Zusammenhang stehen, ist im Gesetz nicht vorgesehen. Die Bahnstation, auf der sich die vorgeschobene deutsche Zollstelle befand, war ohne Beschränkung auf die Geschäftsräume der Zollstelle zollrechtlich als Inland und damit als zum Gebiete des Deutschen Reichs gehörig anzusehen; gegen die Verfolgung der Tat bestanden also keine rechtlichen Bedenken. Das Berufungsgericht hatte allerdings nicht beachtet, daß durch Art. VII Nr. 10 des Reichsgesetzes vom 22. Dezember 1929, betreffend Änderung des Tabaksteuergesetzes, der § 453 RAbgO. mit Wirkung vom 1. Januar 1930 aufgehoben worden war mit der Folge, daß die Zollhinterziehungsvorschriften des Vereins-Zoll-Gesetzes insoweit außer Kraft traten, als sie mit der Reichsabgabenordnung nicht im Einklang standen. Hienach ist zwischen vollendeter Hinterziehung und versuchter Hinterziehung zu unterscheiden; ein Unternehmen der Hinterziehung ist der Reichsabgabenordnung fremd. Eine vollendete Hinterziehung kam nach dem festgestellten Tatbestand nicht in Frage. Die persönliche Zollschuld bei Einfuhrzoll entsteht im Zeitpunkt der Überführung der zollpflichtigen Ware in den freien Verkehr des Zollinlands; erst die Grenzüberschreitung kann deshalb eine Verkürzung der Zolleinnahme, wie sie der Tatbestand der vollendeten Hinterziehung voraussetzt, herbeiführen. Zu einer solchen Verkürzung war es hier zufolge der Wachsamkeit der Zollbeamten nicht gekommen. Die Rechtslage wurde im Ergebnis auch dadurch nicht berührt, daß die Zollpflicht bei der im Ausland gelegenen vorgeschobenen deutschen Zollstelle zu erfüllen war; in solchen Fällen entsteht die Zollpflicht in dem Zeitraum, in dem das einzuführende Gut zur Verzollung angemeldet werden muß; sie fällt aber wieder weg, wenn die Ware die Grenze nicht überschreitet. Diese auflösende Bedingung war im vorliegenden Fall eingetreten. Die Rechtslage war also so zu beurteilen, als ob die Zollpflicht überhaupt nicht zur Entstehung gelangt wäre. Demgemäß war nur versuchte Zollhinterziehung gegeben. Wenn auch der Angeklagte noch nicht alles getan hatte, was er zur Begehung der Zollhinterziehung plante, und somit ein beendeter Versuch noch nicht vorlag, so geschah doch die Umgehung der Zollstelle in Betätigung des Entschlusses, durch heimliche Mitnahme der Ware über die deutsche Zollinie den Zoll zu verkürzen. Die Vermutungstatbestände der §§ 136, 137 VZG. waren durch den Nachweis widerlegt, daß eine Verkürzung der Zolleinnahmen nicht stattgefunden hatte. Da die für die vollendete Tat angedrohte Strafe auch für den Versuch gilt, war der Angeklagte im Strafausspruch nicht beschwert; das Urteil bestand also mit der Maßgabe zu Recht, daß der Angeklagte nicht der vollendeten, sondern der versuchten Zollhinterziehung schuldig war. Ob auch eine Tabaksteuerhinterziehung in Betracht kam, war nicht zu prüfen, da nur der Angeklagte Revision eingelegt hatte. Von einer Vorentscheidung der Steuerbehörde war die gerichtliche Entscheidung nicht abhängig. Eine Verurteilung wegen Versuchs der Hinterziehung ist auch dann möglich, wenn der Steueranspruch tatsächlich nicht zur Entstehung gelangt ist; es genügt, wenn nur die rechtliche Möglichkeit seiner Entstehung vorhanden war. Der Strafrichter ist also nicht gehindert, wegen versuchter Hinterziehung auch dann zu verurteilen, wenn die Steuerbehörde das Bestehen des Anspruchs verneint hat. Die Gründe, aus denen die Steuerbehörde zu einer solchen Verneinung gelangt ist, sind für den Strafrichter nicht bindend. Bejaht dagegen die Steuerbehörde das Bestehen des Steueranspruchs, so steht einer Verurteilung wegen versuchter Hinterziehung gleichfalls kein Hindernis entgegen, auch wenn der Strafrichter, abweichend von der Steuerbehörde, der Ansicht ist, daß der Steueranspruch nicht zur Entstehung gelangt ist. Anders verhält es sich mit der Frage, ob und in welcher Höhe der Steueranspruch verkürzt worden ist. Hier kann (abweichend von den für die Hinterziehung sonstiger Steuern geltenden Grundsätzen) bei Zoll- und Verbrauchsabgaben auch die Verurteilung wegen versuchter Hinterziehung von dem Vorhandensein und der Höhe der Verkürzung abhängen, weil die Geldstrafe nach einem Vielfachen der Verkürzung zu bestimmen ist, die bei Vollendung der Tat eingetreten wäre. Hier ist also auch bei versuchter Hinterziehung der Steueranspruch, der verkürzt werden sollte, zu der Verurteilung, nämlich der Höhe der Geldstrafe, in Beziehung gebracht. Die hiernach in solchen Fällen geschaffene Abhängigkeit von der Entscheidung der Steuerbehörde auch bei versuchter Hinterziehung von Zoll- und Verbrauchsabgaben tritt jedoch nur dann ein, wenn tatsächlich der Steueranspruch, den der Täter hat verkürzen wollen, zur Entstehung gelangt ist. Der Zweck der Vorschrift des § 468 RAbgO. geht dahin, zu vermeiden, daß in derselben Steuersache einander widersprechende Entscheidungen im Steuerfestsetzungsverfahren und im gerichtlichen Strafverfahren ergehen. Diese Voraussetzung trifft aber nur zu, wenn eine Entscheidung im Steuerverfahren zu steuerrechtlichen Zwecken in Frage kommt; lediglich zum Zwecke der Strafrechtspflege Entscheidungen zu erlassen, sind die Finanzbehörden und Finanzgerichte nicht berufen. Ist der steuerliche Vorgang überhaupt nicht zum Abschluß gelangt, so ist für eine Entscheidung im Besteuerungsverfahren zu steuerlichen Zwecken kein Raum. In einem solchen Fall erwächst daher bei versuchter Hinterziehung, auch soweit es sich um Zoll- und Verbrauchsabgaben handelt, für die Entscheidung der Frage, ob und in welcher Höhe ein Zollanspruch bei vollendeter Tat verkürzt worden wäre, dem Urteil des Strafgerichts aus der Vorschrift des § 468 RAbgO. keine Schranke. (II, 7. April 1932.) Amtl. Sammlg. S. 194—202. Vgl. Bd. 13 S. 410; Bd. 18 S. 242; Bd. 42 S. 107; Bd. 48 S. 244; Bd. 57 S. 61, 107, 212, 350; Bd. 58 S. 40, 54, 417; Bd. 59 S. 124; Bd. 60 S. 6; Bd. 62 S. 363; Bd. 64 S. 229; Bd. 65 S. 165, 182, 312; RFH. Bd. 14 S. 1; Bd. 16 S. 329.

65. Meineid. Strafmilderung. (StGB. §§ 21, 157.) Das Schwurgericht erachtete eine Zuchthausstrafe von zwei Jahren für an sich entsprechend, ermäßigte diese Strafe auf 1 Jahr Zuchthaus und wandelte sie in eine Strafe von 1 Jahr und 6 Monaten Gefängnis um. Das verstieß wider das Gesetz, denn Umwandlung der Zuchthausstrafe in Gefängnisstrafe kommt nur in Frage, wenn eine Zuchthausstrafe unter 1 Jahr ausgesprochen werden müßte. Der Angeklagte war aber durch die Umwandlung nicht beschwert, da 1 Jahr 6 Monate Gefängnis nach gesetzlicher Vorschrift 1 Jahr Zuchthaus entspricht. Daß tatsächlich 1 Jahr 6 Monate Gefängnis im Einzelfall drückender wirken können als 1 Jahr Zuchthaus, ist nicht entscheidend. (III, 11. April 1932.)

Amtl. Sammlg. S. 202—203.

66. Sachbeschädigung. Anschlagsäule. Gegenstand öffentlichen Nutzens. (StGB. § 304.) Eine Anschlagsäule wurde mit Petroleum begossen. Damit war der Tatbestand der erschwerten Sachbeschädigung erfüllt. Die Anschlagsäule war mit Recht als ein Gegenstand, der zum öffentlichen Nutzen dient, angesehen worden. Unter diesen Begriff fallen Gegenstände, die dem Publikum unmittelbar Nutzen bringen, sei es durch ihren Gebrauch, sei es in anderer Weise. Unmittelbarkeit in diesem Sinne liegt vor, wenn jedermann aus dem Publikum, sei es auch nach Erfüllung bestimmter allgemein gültiger Bedingungen, ohne Vermittlung Dritter, zu beliebiger Auswahl der Teilnehmer befugter Personen aus dem Gegenstand selbst oder aus dessen Erzeugnissen oder Wirkungen Nutzen ziehen kann. Die Anschlagsäule enthielt ihrer Zweckbestimmung nach nicht nur Ankündigungen und Hinweise, die dem Publikum die Möglichkeit gaben, sich schnell über öffentliche Einrichtungen (Feuermelder, Rettungsstellen usw.) oder Veranstaltungen zu unterrichten; sie diente auch zur Veröffentlichung amtlicher Bekanntmachungen, an denen die Allgemeinheit ein Interesse hatte. Von dem Zeitpunkt an, da sie mit solchen Ankündigungen versehen war, gab sie jedermann Gelegenheit, aus diesen Ankündigungen Nutzen zu ziehen, diente also dem öffentlichen Nutzen. Unerheblich war, wem die Säule gehörte und ob sie auch noch geschäftlichen Zwecken des Unternehmers diente. Eine schwere Sachbeschädigung lag allerdings nur dann vor, wenn die Säule gerade in der Hinsicht beschädigt worden war, vermöge deren sie zu den besonders geschützten Sachen gehörte. Zum Begriff der Beschädigung gehört nicht unter allen Umständen eine stoffliche Verringerung oder Verschlechterung; es genügt schon eine nicht ganz unerhebliche Veränderung der äußeren Erscheinung und Form. Diese Merkmale waren nachgewiesen. Die Säule und die an ihr befindlichen Ankündigungen bildeten ein einheitliches Ganzes; das Begießen der Ankündigungen mit Petroleum war eine Beschädigung der Säule, indem durch das in dem Petroleum enthaltene Öl und Fett die Substanz der Ankündigungen und damit der Säule selbst angegriffen und die Brauchbarkeit der Ankündigungen dadurch beeinträchtigt wurde, daß sie unleserlich wurden. Durch das Begießen mit Petroleum wurde also die Unversehrtheit der Säule derart beeinträchtigt, daß ihr Gebrauchswert für die ihr gegebene Zweckbestimmung herabgemindert wurde. Aus dem festgestellten Sachverhalt war auch ohne Bedenken zu entnehmen, daß der Vorsatz des Angeklagten dahin ging, dem Publikum die Benutzung der an der Säule befindlichen Ankündigungen zu entziehen. (II, 11. April 1932.)

Amtl. Sammlg. S. 203—205.

Vgl. Bd. 20 S. 182; Bd. 43 S. 32, 204; Bd. 58 S. 346; Bd. 46 S. 250.

67. Untreue. Vermögensstück. Schädigung. Wechselvordruck. Eigentumserwerb. Herstellung. (StGB. § 266; BGB. § 950.) Der Geschäftsführer einer G. m. b. H. hatte gegen diese eine Forderung, die aber von der Mehrheit der Gesellschafter bestritten wurde. Er trat sie an seinen Bruder ab. Zur Sicherung versah er Wechselvordrucke mit dem Akzept der Gesellschaft und behielt sie für sich. Seine Verurteilung wegen Untreue wurde vom Reichsgericht bestätigt. Ob schon die Belastung des Vermögens der Gesellschaft mit einer Wechselverpflichtung eine Verfügung über ein Vermögensstück der Gesellschaft enthielt, blieb dahingestellt. Im vorliegenden Fall hatte der Angeklagte durch seine Handlung die Wechselurkunde mit den darin verkörperten, wenn auch von der Begebung abhängigen Wechselverbindlichkeiten erst geschaffen. Da er hiebei als Geschäftsführer der Gesellschaft handelte, erwarb er für diese auch Eigentum an den Wechseln. § 950 BGB. steht nicht entgegen. Hersteller im Sinne dieser Bestimmung ist nicht immer nur der, der persönlich die neue Sache herstellt; da die Herstellung auch mit Hilfe anderer geschehen kann, kann es auch der Geschäftsherr sein, für den die Herstellung bewirkt wird. Ein etwa entgegenstehender innerer Wille des Geschäftsführers kommt dabei nicht in Betracht. Die Wechselurkunden stellten schon vor der Begebung und vor völliger Ausfüllung Vermögensstücke der Gesellschaft dar. Über sie hatte der Angeklagte verfügt, indem er sie sich zueignete. Daß er dazu nach außen hin kraft seiner Vertretungsmacht als Geschäftsführer befugt war, schloß die

Annahme von Untreue nicht aus; im Gegenteil ist es gerade deren Voraussetzung, daß eine bestehende Vertretungsmacht mißbraucht wird. Im Innenverhältnis, der Gesellschaft gegenüber, ist der Geschäftsführer in seiner Vertretungsmacht durch den Gesellschaftsvertrag oder durch Beschlüsse der Gesellschaft beschränkt; die Beschlußfassung hat er selbst herbeizuführen, wenn es im Interesse der Gesellschaft erforderlich erscheint. Diese Verpflichtung hatte der Angeklagte dadurch verletzt, daß er die Herbeiführung eines Beschlusses der Gesellschafter über Sicherung oder Begleichung seiner Forderung böswillig unterließ und der Forderung (wie er wußte, gegen den Willen der Gesellschaft) durch die Wechsel Sicherung verschaffte. Das war rechtswidrig und zum Nachteil der Gesellschaft gehandelt. Wenn auch in der Regel in der Bezahlung einer geschuldeten Verbindlichkeit eine Vermögensbeschädigung und damit ein Nachteil des Treuhänders nicht gelegen ist, so kann dies doch der Fall sein, wenn es sich um eine Forderung handelt, deren Erweislichkeit zweifelhaft ist. Der Vermögensschaden besteht in solchen Fällen darin, daß der in Anspruch genommene Schuldner im Austausch gegen sein Bargeld von einer Schuld befreit wird, die wegen ihrer Nichterweislichkeit einen geringeren wirtschaftlichen Wert hat. (III, 11. April 1932.) Amtl. Sammlg. S. 206—208. Vgl. Bd. 10 S. 72; Bd. 13 S. 376; Bd. 37 S. 329; Bd. 42 S. 227; RGZ. Bd. 35 S. 83; Bd. 72 S. 281.

68. **Strafbescheid. Antrag auf gerichtliche Entscheidung. Vertretung.** (RAbgO. §§ 420, 444, 450; StPO. §§ 387, 411, 417.) In der Verhandlung über den Antrag auf gerichtliche Entscheidung gegenüber einem Strafbescheid des Finanzamts ergab sich, daß der Antrag nicht von dem Angeklagten, sondern von seiner Schwiegertochter unterzeichnet war und daß diese dazu keine schriftliche Vollmacht hatte. In zwei Rechtszügen wurde der Antrag als unwirksam angesehen. Das Reichsgericht verwies die Sache zurück. § 444 RAbgO. gilt nur für das Verwaltungsverfahren, nicht für das gerichtliche Verfahren; der Antrag auf gerichtliche Entscheidung gehört zum gerichtlichen Verfahren und ist darum nach den für dieses geltenden Vorschriften der Strafprozeßordnung zu beurteilen. Daran ändert der Umstand nichts, daß die Bestimmungen über

den Antrag in der Reichsabgabenordnung enthalten sind, daß er beim Finanzamt gestellt werden muß und daß das Recht, Antrag auf gerichtliche Entscheidung zu stellen, neben dem Recht der Beschwerde zur Wahl gestellt ist. In der Strafprozeßordnung ist eine schriftliche Vollmacht nur für die Vertretung des Angeklagten in der Hauptverhandlung vorgeschrieben; im übrigen bedarf es im Strafverfahren zur Abgabe einer verfahrensrechtlich wirksamen Erklärung durch einen Vertreter nicht der Vorlage einer schriftlichen Vollmacht; vielmehr genügt, daß die Vertretungsmacht im Zeitpunkt der Vornahme der Prozeßhandlung bestanden hat. Das gilt insbesondere auch für die Einlegung von Rechtsmitteln und darum auch für den Antrag auf gerichtliche Entscheidung. Die Vorschrift, daß der Verteidiger ohne Vollmacht des Angeklagten Rechtsmittel für diesen einlegen kann, besagt nicht, daß in anderen Fällen eine Vertretung ausgeschlossen ist. Verteidigung und Vertretung sind begrifflich streng voneinander zu scheiden; weder ist der Verteidiger ohne weiteres Vertreter, noch ist die Vertretung des Beschuldigten im Strafverfahren ein Vorbehaltsrecht der Verteidigung. Für den Verteidiger besteht hinsichtlich der Einlegung von Rechtsmitteln eine Vermutung der Vollmacht; das schließt nicht aus, einem anderen Vertreter Vollmacht hiezu zu erteilen. Der Bevollmächtigte kann, wie auch sonst, so auch im Strafprozeß mit dem Namen des Vollmachtgebers zeichnen. Daß der Angeklagte seine Schwiegertochter beauftragt hatte, den Antrag für ihn zu stellen, war erwiesen. (III, 14. April 1932.) Amtl. Sammlg. S. 209—213. Vgl. Bd. 6 S. 69; Bd. 17 S. 256; Bd. 36 S. 90; Bd. 38 S. 282; Bd. 45 S. 327; Bd. 60 S. 281; Bd. 61 S. 45, 357; Bd. 62 S. 262; Bd. 63 S. 343; RGZ. Bd. 50 S. 51; Bd. 74 S. 69; Bd. 81 S. 1.

69. **Beweissicherung. Verlesen von Protokollen.** (StPO. §§ 223, 224, 251.) Nach Erhebung der Anklage, aber vor Eröffnung des Hauptverfahrens teilte der Verteidiger der Staatsanwaltschaft mit, ein in der Anklageschrift benannter Zeuge werde demnächst für längere Zeit ins Ausland reisen; er stellte anheim, eine richterliche Vernehmung herbeizuführen. Die Staatsanwaltschaft, bei der sich die Akten eben befanden, ersuchte das zuständige Amtsgericht um Vernehmung des Zeugen; diese wurde unver-

züglich angeordnet und durchgeführt. Von dem Termin wurden die Beteiligten nicht benachrichtigt. Der Zeuge wurde eidlich vernommen. In der Hauptverhandlung wurde auf Antrag der Staatsanwaltschaft und mit Zustimmung aller Beteiligten das Protokoll verlesen. Gegen das Urteil wurde Revision eingelegt mit der Begründung, das Protokoll über die Vernehmung hätte nicht verlesen werden dürfen, weil die Vernehmung nicht auf Ersuchen des Gerichts vorgenommen worden sei. Sie hatte keinen Erfolg. Allerdings war in dem Zeitpunkt, in dem die Vernehmung des Zeugen angeregt wurde, das Gericht schon mit der Sache befaßt und demgemäß zu Betreibung des Verfahrens berufen; zu seiner Zuständigkeit gehörte insbesondere auch die Entscheidung darüber, ob Maßnahmen zur Beweissicherung zu ergreifen seien. Das hat aber nicht zur Folge, daß nur eine durch Beschluß des zuständigen Gerichts angeordnete gerichtliche Vernehmung für die Hauptverhandlung verwendbar war. § 251 Abs. 2 StPO. gestattet ganz allgemein Verlesung der Niederschriften über frühere Vernehmungen, wenn zur Zeit der Hauptverhandlung einer der im § 223 StPO. bezeichneten Fälle vorliegt, insbesondere das Erscheinen des Zeugen in der Hauptverhandlung wegen größerer Entfernung besonders erschwert ist und wenn bei der Vernehmung die in den §§ 193, 224 bestimmten Parteirechte gewahrt sind; daß die Vernehmung durch einen Gerichtsbeschluß angeordnet worden sei, ist nicht vorgeschrieben und macht die Vernehmung auch um nichts verlässiger. Wenn im § 223 StPO. ein Gerichtsbeschluß vorgeschrieben ist, hat das nur den Grund, daß Doppelvernehmungen vorgebeugt werden soll. Das Fehlen eines die Vernehmung anordnenden Gerichtsbeschlusses wird unter allen Umständen dadurch geheilt, daß das erkennende Gericht in der Hauptverhandlung durch den Beschluß über die Verlesung der Niederschrift die von einer anderen Stelle veranlaßte Vernehmung nachträglich gutheißt, also die Geschäftsführung dieser anderen Stelle genehmigt. Daß die Beteiligten zu der Vernehmung nicht geladen waren, hinderte im vorliegenden Fall die Verlesung nicht, weil ihre Benachrichtigung wegen der Kürze der zur Verfügung stehenden Zeit offenbar für untunlich gehalten worden war. Übrigens war dieser Mangel durch die Zustimmung aller Beteiligten

zu der Verlesung des Protokolls geheilt worden. (III, 14. April 1932.) Amtl. Sammlg. S. 213—216.
Vgl. Bd. 58 S. 90, 100.

70. Steuerzeichenfälschung. Vorbereitungshandlung. (RAbgO. § 405.) Gegen die Verurteilung wegen Banderolenfälschung wurde eingewendet, daß die fälschlich hergestellten Steuerzeichen von der Zollbehörde leicht als gefälscht erkannt worden wären. Darauf kam es nicht an; entscheidend war vielmehr, ob die Fälschung, wenn die Ware mit den gefälschten Zeichen in den Verkehr gebracht wird, von arglosen, sie nur oberflächlich und ohne besondere Sachkunde betrachtenden Personen übersehen werden kann. Das Berufungsgericht hatte ausgeführt, daß der Angeklagte auch gegen § 405 Abs. 3 RAbgO. verstoßen habe, indem er zum Zwecke der Fälschung Formen usw. anfertigte. Dieses Verhalten ist im Verhältnis zu der Verwendung gefälschter Steuerzeichen nur eine Vorbereitungshandlung; wird das Vergehen nach § 405 Abs. 1 RAbgO. begangen, so kommt Abs. 3 daneben nicht weiter in Betracht. Auf die Strafzumessung war aber ein etwaiger Irrtum des Berufungsgerichts, der auch in der Urteilsformel nicht zum Ausdruck kam, ohne Einfluß. (III, 18. April 1932.) Amtl. Sammlg. S. 217—218.

71. Führen einer Schußwaffe. Politische Ausschreitungen. Tateinheit. Gesetzeseinheit. Freisprechung. (StGB. §§ 73, 74; SchußwG. § 25; RPrVO. vom 28. März 1931 § 5.) Bei einer politischen Auseinandersetzung gab einer der Beteiligten, der von anderen angegriffen war, Schüsse auf diese ab. Er wurde vom Schöffengericht wegen Führens einer Schußwaffe und wegen Vergehens nach § 5 VO. vom 28. März 1931 verurteilt. Das Berufungsgericht erachtete diese Vorschrift nicht für anwendbar, weil der Angeklagte in Notwehr gehandelt habe, also zur Abgabe der Schüsse berechtigt gewesen sei; die Strafe wegen Führens der Schußwaffe wurde auf die Berufung des Staatsanwalts erhöht. Der Angeklagte legte Revision ein, weil er von der Anklage eines Vergehens nach § 5 VO. vom 28. März 1931 nicht freigesprochen und von den hierauf entfallenden Kosten des Verfahrens nicht entlastet worden sei. Er hatte keinen Erfolg. Das Berufungsgericht hatte von einer ausdrücklichen Freisprechung abgesehen, weil es Tateinheit angenommen hatte. Das Reichsgericht trat dieser Auffassung nicht bei. Der in § 5 VO. vom 28. März 1931 aufgestellte Tatbestand setzt sich zusammen aus dem unbefugten Führen einer Schußwaffe und der gefährlichen Handhabung der Waffe, bestehend in der Begehung einer Gewalttätigkeit gegen einen anderen oder in der Androhung einer solchen. Der Tatbestand des § 25 Abs. 1 Nr. 2 SchußwG. bildet demnach einen Bestandteil im § 5 VO. vom 28. März 1931, wie der Diebstahl zum Tatbestand des Raubes gehört. Es besteht daher Gesetzeseinheit zwischen den beiden Strafgesetzen. Für die Anwendung des § 25 Abs. 1 Nr. 2 SchußwG. ist somit kein Raum neben der des § 5 VO. Im vorliegenden Fall schied aber die von der Anklage angenommene Gewalttätigkeit als nicht rechtswidrig begangen aus, so daß nur das unbefugte Waffenführen übrig blieb. Eine Freisprechung von der Anklage nach § 5 VO. vom 28. März 1931 kam so wenig in Betracht, wie eine Freisprechung von der Anklage wegen Raubs erfolgen muß, wenn sich die von der Anklage als Raub beurteilte Tat als einfacher Diebstahl herausstellt. (II, 21. April 1932.)

Amtl. Sammlg. S. 218—220.

72. **Körperverletzung. Waffenmißbrauch. Tateinheit.** (StGB. §§ 73, 74, 223 a; WaffMißbrG. § 3.) Gelegentlich einer Rauferei zwischen feindlichen politischen Parteien versetzte ein Teilnehmer zwei Gegnern Schläge mit einem Spazierstock. Er wurde wegen fortgesetzter gefährlicher Körperverletzung in Tateinheit mit Waffenmißbrauch verurteilt. Das Reichsgericht änderte das Urteil im Schuldausspruch ab. Das Berufungsgericht hatte den Waffenmißbrauch nicht darin gefunden, daß der Angeklagte den Spazierstock mit sich führte, sondern darin, daß er ihn als Waffe zur Begehung von Mißhandlungen verwendete; hienach lag aber nicht Tatmehrheit, sondern Tateinheit vor. Das Berufungsgericht hätte zwei selbständige Vergehen der Körperverletzung annehmen können, da es sich um die körperliche Unversehrtheit, also ein höchstpersönliches Rechtsgut, zweier Personen handelte; die Annahme eines Fortsetzungszusammenhangs ist solchenfalls nicht möglich. Da aber in der Verwendung des Spazierstocks als Waffe in unmittelbarer Aufeinanderfolge zwei Personen gegenüber nur ein Vergehen des Waffenmißbrauchs zu finden war, das mit den beiden Mißhandlungen in

Tateinheit zusammenfiel, wurde auch zwischen den beiden Mißhandlungen das Verhältnis der Tateinheit hergestellt. Der Angeklagte war also wegen eines Vergehens des Waffenmißbrauchs in Tateinheit mit gefährlicher Körperverletzung schuldig zu sprechen. Zur Festsetzung der Strafe wurde die Sache zurückverwiesen. (III, 25. April 1932.)

Amtl. Sammlg. S. 221—222.

Vgl. Bd. 56 S. 329; Bd. 60 S. 241.

73. **Notstand. Dauergefahr. Meineid. Fahrlässiger Falscheid. Irrtum.** (StGB. §§ 52, 54, 154, 163; StPO. § 70.) Aus Furcht vor der Rache von Kommunisten, die in einem Ort seit längerer Zeit viele Gewalttätigkeiten verübten, erklärte ein über eine Sachbeschädigung vernommener Zeuge auf Eid wider besseres Wissen, keiner der beiden Angeklagten sei an dem Vorgang beteiligt gewesen. In dem gegen ihn wegen Meineids durchgeführten Verfahren legte er ein offenes Geständnis ab, entschuldigte aber sein Verhalten damit, daß er aus Angst vor schwerer körperlicher Mißhandlung nicht gewagt habe, die Wahrheit auszusagen. Das Schwurgericht sprach ihn frei. Das Reichsgericht verwies die Sache zurück. Auch ein wissentlicher Falscheid kann durch Notstand entschuldigt werden. Das ist schon für den Fall des als Unterfall des Notstandes zu erachtenden Nötigungsnotstandes des § 52 StGB. anerkannt worden; zu dem gleichen Ergebnis muß auch der Nachweis der Voraussetzungen des § 54 StGB. führen. Beiden Vorschriften liegt der Gedanke zugrunde, daß als Schuldausschließungsgrund im weiteren Sinne (abgesehen von dem die seelische Beziehung des Täters zur Tat ausschließenden Irrtum) nicht nur auf der Bewußtlosigkeit oder krankhafter Störung der Geistestätigkeit beruhende völlige Mangel des Unterscheidungs- und Hemmungsvermögens (der freien Willensbestimmung), sondern auch eine durch besondere äußere Umstände verursachte abnorme Beeinträchtigung der freien Willensbestimmung in Betracht kommen kann, die bei Berücksichtigung des Selbsterhaltungstriebs ein normgemäßes Verhalten als nicht zumutbar erscheinen läßt. Eine unter solchen Umständen begangene tatbestandsmäßige Handlung bleibt mangels eines Rechtfertigungsgrundes zwar objektiv rechtswidrig, ist aber wegen des ungewöhnlichen seelischen Drucks, der auf dem Täter lastet, subjektiv nicht

pflichtwidrig und begründet deshalb keinen Schuldvorwurf. In beiden Vorschriften wird ein Entschuldigungsgrund aufgestellt für einen Täter, der aus einer gegenwärtigen Gefahr für Leib oder Leben seiner selbst oder eines Angehörigen keinen anderen Ausweg hat als den einer tatbestandsmäßigen rechtswidrigen Handlung. Während aber § 52 StGB. den Fall voraussetzt, daß eine Person oder eine Mehrheit von Personen auf einen anderen einen Zwang ausübt, durch den dieser zu einer bestimmten tatbestandsmäßigen rechtswidrigen Handlung genötigt wird, genügt nach § 54 StGB. das Vorhandensein einer irgendwie (durch bloße Naturkräfte oder durch das bedrohliche oder gewalttätige Verhalten verantwortlicher Personen) begründeten Gefahr, deren Beseitigung zwar nicht von der Vornahme einer bestimmten, durch eine Person erzwungenen Handlung abhängt, die aber doch auch nur durch eine mangels eines Entschuldigungsgrundes strafbare Handlung abgewendet werden kann; der Erweiterung der Gefahrenquelle steht eine Einengung des Entschuldigungsgrundes insoferne gegenüber, als der Notstand unverschuldet sein muß. In beiden Vorschriften ist unter gegenwärtiger Gefahr ein Zustand zu verstehen, der nach menschlicher Erfahrung bei natürlicher Weiterentwicklung der gegebenen Sachlage den Eintritt einer Schädigung sicher oder doch höchst wahrscheinlich macht, wenn nicht alsbald eine Abwehrmaßnahme ergriffen wird. Die Gefahr braucht keine Augenblicksgefahr zu sein; sie kann auch eine Dauergefahr sein, soferne sie nur auch als solche gegenwärtig ist, nicht erst in der Zukunft liegt. Im gegebenen Fall handelte es sich um eine durch das gewalttätige Verhalten der Kommunisten gegenüber wirklichen oder vermeintlichen Gegnern begründete allgemeine Gefahr, die durch Bedrohungen gegenüber dem Angeklagten, er werde im Falle der Verurteilung der Person, gegen die er aussagen sollte, verprügelt werden, sich zu einer bestimmten Gefahr verdichtet hatte. Da die Gelegenheit zur Ausführung der Drohung jederzeit eintreten konnte, war die Gefahr eine gegenwärtige Dauergefahr. Der Angeklagte konnte hoffen, durch eine unwahre Aussage seine Gegner umzustimmen und so die Gefahr zu beseitigen. Der gerichtliche oder polizeiliche Schutz, den er hätte anrufen können, wäre nur etwas Vorübergehendes gewesen und hätte die Gegenwärtigkeit der Gefahr nicht ausgeschlossen. Der Zustand der Gefahr und der daraus erwachsene Notstand war von dem Angeklagten auch nicht verschuldet. Dagegen hätte der Angeklagte den Notstand auch in der Weise beseitigen können, daß er die Aussage oder doch deren Beeidigung verweigert hätte. Er hätte dadurch allerdings gegen die gesetzlichen Vorschriften über die Zeugnis- und Eidespflicht verstoßen und sich dementsprechendem Einschreiten des Gerichts ausgesetzt; aber dieser Verstoß wäre gegenüber der Verletzung der Eidespflicht das bei weitem kleinere Übel gewesen. Sind aber verschiedene Rettungsmöglichkeiten Übel von verschiedener Größe, so darf nur das kleinere gewählt werden. Die Unannehmlichkeiten, die für den Angeklagten aus der Nichterfüllung der Verpflichtung zur Zeugschaft und Eidesleistung folgen konnten, hätte keine Gefahr für Leib und Leben bedeutet; das Streben, ihnen zu entgehen, vermochte die Leistung eines Meineids weder zu rechtfertigen noch zu entschuldigen. Freilich konnte auch die irrtümliche Annahme des Täters, daß er die gegenwärtige Gefahr für Leib und Leben durch kein anderes Mittel als durch die Leistung eines Meineids abwenden könne, entschuldigend wirken. Der dem § 54 StGB. zugrunde liegende Rechtsgedanke, daß dem Täter beim Vorhandensein der dort vorgesehenen Voraussetzungen wegen des hierdurch bewirkten seelischen Drucks ein normgemäßes Verhalten nicht zugemutet werden kann, trifft, wenn die Notstandsvoraussetzungen nur in der Vorstellung des Täters bestehen, ebenso zu, wie bei ihrem wirklichen Vorhandensein. Beruht die irrige Annahme auf Fahrlässigkeit und gehört die Notstandshandlung zu den auch für den Fall der Fahrlässigkeit mit Strafe bedrohten Handlungen, so kann der Notstandstäter wegen fahrlässiger Begehung gestraft werden. Das gilt auch, wenn im vermeintlichen Notstand (Putativnotstand) ein wissentlich falscher Eid geleistet wird, wenn sich also der Irrtum nicht auf die Unwahrheit der Aussage, sondern auf das Vorhandensein der Notstandsvoraussetzungen bezieht. Die Zubilligung eines Entschuldigungsgrundes des Notstandes gegenüber einem wissentlichen Falscheid birgt eine große Gefahr für die Rechtspflege in sich, so daß das Vorhandensein dieser Voraussetzungen und die Pflichtmäßigkeit des Verhaltens des

Täters einer besonders strengen Prüfung unterworfen werden müssen. (I, 26. April 1932.)

Amtl. Sammlg. S. 222—228.

Vgl. Bd. 6 S. 396; Bd. 36 S. 334; Bd. 43 S. 342; Bd. 57 S. 258; Bd. 59 S. 69; Bd. 60 S. 318; Bd. 61 S. 242; Bd. 64 S. 30; Bd. 66 S. 98.

74. **Vereinsgesetz. Gesetzgebung. Volksbeauftragte.** (RVerG. §§ 13, 18.) Der Aufruf der Volksbeauftragten vom 12. November 1918 bestimmte in der Nr. 2: Das Vereins- und Versammlungsrecht unterliegt keinen Beschränkungen, auch nicht für Beamte und Staatsarbeiter. Die Frage, ob dieser Satz als Programmsatz aufzufassen sei oder unmittelbare Wirkung habe, ist schon im zweiten Sinne entschieden worden. Die weitere Streitfrage, ob eine endgültige Aufhebung der das Vereins- und Versammlungsrecht beschränkenden Bestimmungen oder nur eine Suspension bis zur neuen Regelung des Vereins- und Versammlungsrechts durch die neue Verfassung beabsichtigt war, hat nunmehr das Reichsgericht im ersten Sinne beantwortet. Gegen die Annahme einer bloß vorübergehenden Außerkraftsetzung einzelner Bestimmungen des Vereinsgesetzes spricht schon der klare Wortlaut des keine Befristung seiner Anordnungen vorsehenden Aufrufs. Die Ungewöhnlichkeit der Gesetzgebungshandlung kann nicht zur Stütze der gegenteiligen Auffassung herangezogen werden. Eine Beschränkung des Vereins- und Versammlungsrechts ist auch in der Vorschrift zu erblicken, daß Beauftragten, welche die Polizei in eine öffentliche Versammlung entsendet, ein angemessener Platz eingeräumt werden muß (§ 13 Abs. 2 Satz 12 VerG.). Die sozialdemokratische Partei hatte diese Vorschrift von Anfang an bekämpft; es liegt kein Anhalt dafür vor, daß die ihr angehörigen Volksbeauftragten sich in ihrem Aufruf von anderen Gesichtspunkten leiten ließen. Nach ihren ausdrücklichen Darlegungen wollten sie mit dem Aufruf den Anfang der Verwirklichung des sozialistischen Programms machen, dessen Inhalt mit die Beseitigung aller von der Partei als Beschränkung des Versammlungsrechts angesehenen Bestimmungen bildete. Daß in den Vorschriften der Republikschutzgesetze (§ 16 des alten, § 8 des neuen Gesetzes) der Polizeibehörde das Recht zur Auf-

lösung von Versammlungen eingeräumt wird, setzte die Geltung des § 13 VerG. nicht voraus; das Recht der Polizei, Beauftragte in Versammlungen zu entsenden, beruht auf allgemeinem Recht der Polizei, Versammlungen zu überwachen, das in dieser Vorschrift vorausgesetzt wird. überdies würde ein Gesetz, das nur stillschweigend die Fortgeltung eines anderen Gesetzes voraussetzt, nicht die Wirkung haben können, dieses Gesetz, falls es rechtswirksam aufgehoben war, wieder in Kraft zu setzen. Auch wenn das ausdrücklich geschieht (wie in der Verordnung des Reichspräsidenten vom 28. März 1931) hat das nur die Bedeutung, daß der Wortlaut des § 13 Abs. 2 Satz 1 VerG. Bestandteil des § 6 Nr. 3 dieser Verordnung geworden ist und innerhalb des Rahmens dieser Verordnung gilt; eine öffentliche politische Versammlung kann also auch dann aufgelöst werden, wenn der Beauftragte der Polizei keinen angemessenen Platz eingeräumt erhält, strafbar ist aber die Verweigerung des Platzes nicht mehr. (III, 28. April 1932.) Amtl. Sammlg. S. 228—236.

75. **Bandendiebstahl. Bandenschmuggel. Hehlerei. Fortgesetzte Straftat.** (StGB. §§ 47, 242, 243; ZVG. § 146; StPO. § 357.) Zwei Burschen vereinbarten, sich durch Entwendung und Verkauf von Fahrrädern eine Erwerbsquelle zu verschaffen. Auf Grund dieser Vereinbarung stahlen sie innerhalb eines Zeitraums von sechs Monaten eine Anzahl Fahrräder, die auf der Straße standen. Jeder führte die von ihm begangenen Diebstähle in Abwesenheit des anderen aus; einen Teil der Räder verkauften sie gemeinschaftlich; der Erlös wurde geteilt. Das Berufungsgericht nahm an, daß im ganzen etwa 15 Fahrräder gestohlen worden seien und verurteilte beide Angeklagte wegen fortgesetzten schweren Diebstahls zu Zuchthausstrafen. Auf die von einem Angeklagten eingelegte Revision wurde das Urteil in der Richtung gegen beide Angeklagte aufgehoben. Der Tatbestand des Bandendiebstahls setzt voraus, daß sich zwei oder mehrere Personen zur fortgesetzten Begehung von Raub oder Diebstahl verbunden haben. Der Begriff der fortgesetzten Begehung ist hier keineswegs gleichbedeutend mit dem Begriff der fortgesetzten Straftat im technischen Sinne; die Verbindung zur Begehung eines (aus mehreren unselbständigen Einzelhandlungen bestehenden) fortgesetzten Diebstahls genügt

nicht, um den Tatbestand des Bandendiebstahls zu erfüllen, vielmehr muß die Verbindung auf die Begehung mehrerer selbständiger, im einzelnen noch unbestimmter Diebstähle gerichtet sein. Wäre also das Verhalten der Angeklagten wirklich nur als eine fortgesetzte Straftat zu beurteilen gewesen, so hätte ein Bandendiebstahl nicht angenommen werden können. In Wirklichkeit handelte es sich aber nicht um fortgesetzte Straftaten. Hiezu genügt nicht ein allgemeiner Entschluß, jede sich bietende Gelegenheit zur Begehung von Diebstählen (sei es auch von Diebstählen einer bestimmten Gattung) zu benutzen; es ist vielmehr ein auf stoßweise Verwirklichung eines bestimmten Gesamterfolgs gerichteter Gesamtvorsatz erforderlich. Die wegen der Einfachheit der Feststellung vielfach übliche weite Ausdehnung des Begriffs des Fortsetzungszusammenhangs kann schon im Hinblick darauf nicht gebilligt werden, daß durch die rechtskräftige Verurteilung wegen einer fortgesetzten Straftat die Strafklage hinsichtlich aller, auch dem Gerichte nicht bekannt gewordener, in den Fortsetzungszusammenhang fallender Einzelhandlungen verbraucht wird. Ein zur Begründung eines Fortsetzungszusammenhangs geeigneter Gesamtvorsatz hätte etwa dann angenommen werden können, wenn die Angeklagten den Vorsatz gefaßt hätten, aus einer bestimmten Fahrradwerkstätte oder aus einem bestimmten Aufbewahrungsort von Fahrrädern unter Ausnutzung bestimmter für sie günstiger Verhältnisse nach und nach möglichst viele Fahrräder zu entwenden. In Wirklichkeit lag ein ganz allgemeiner Entschluß zur Begehung zahlreicher selbständiger Diebstähle vor, deren Ausführung nach Ort, Zeit und Art ganz ungewiß war. Die von den Angeklagten begangenen Diebstähle waren auch nicht etwa als eine Sammelstraftat zu beurteilen; das Gesetz hat davon abgesehen, die der Bandenbildung meist zugrunde liegende Absicht gewerbsmäßiger Begehung zur Annahme einer Sammelstraftat des gewerbsmäßigen Diebstahls zu verwerten. Die von den Angeklagten getroffene Verabredung konnte als Bildung einer Bande angesehen werden. Zur Verurteilung wegen Bandendiebstahl ist aber weiter erforderlich, daß die Diebstähle unter Mitwirkung mehrerer ausgeführt worden sind. Der Begriff der Mitwirkung mehrerer ist nicht gleichbedeutend mit dem der Mittäterschaft. Zur

Annahme der Mittäterschaft ist erforderlich und ausreichend, daß jeder Beteiligte den ganzen Erfolg einer Straftat als eigene verursachen will, aber auf Grund des gemeinschaftlichen Entschlusses und mit vereinten Kräften, daß also jeder seine eigene Tätigkeit als mittelbarer Täter durch die Handlungen des oder der Genossen vervollständigt und auch diese sich zurechnen lassen will. Jeder Mittäter muß hiernach in irgendeiner Weise zur Ausführung mitwirken; es reicht aber, daß er dies durch die unmittelbare Tätigkeit des oder der Genossen tut, während er seine persönliche Tätigkeit auf Handlungen beschränkt, die sich äußerlich als Vorbereitung oder Beihilfehandlungen darstellen; es ist nicht erforderlich, daß jeder Tatgenosse ein Tatbestandsmerkmal verwirklicht. Auch eine geistige Mitwirkung reicht für die Annahme der Mittäterschaft aus. Sie besteht darin, daß der eine Tatgenosse dem die Tatbestandsmerkmale verwirklichenden anderen Tatgenossen durch einen vor oder bei der Ausführung der Tat erteilten Rat zur Seite steht oder in irgend einem Zeitpunkt in sonstiger Weise dessen Täterwillen stärkt. Die bloße Beteiligung an der Verabredung, die nicht in irgend einer Weise stärkend auf den Täterwillen der anderen Genossen wirkt, reicht allerdings nicht aus. Gegenüber diesem Begriff der Mittäterschaft ist jener des Mitwirkens mehrerer beim Diebstahl insofern enger, als ein irgendwie geartetes zeitliches oder örtliches Zusammenwirken mehrerer Mitglieder der Bande bei der Ausführung der einzelnen Diebstähle wesentlich ist; dagegen gehört eine geistige oder körperliche Teilnahme am einzelnen Diebstahl, die örtlich oder zeitlich von der Tätigkeit der übrigen Genossen getrennt stattfindet, nicht zum Begriff der gemeinschaftlichen Ausübung und des Mitwirkens mehrerer. Der Begriff der Bande findet sich im Bandenschmuggel des Vereinszollgesetzes. Dafür ist erforderlich, daß drei oder mehrere Personen sich zur gemeinschaftlichen Ausübung eines Bannbruchs oder einer Zollhinterziehung verbinden; es besteht eine Vermutung für eine solche Verbindung, wenn drei oder mehrere Personen zusammen in der Ausübung des Vergehens betroffen worden sind. Die Androhung der außerordentlichen Strafe hat ihren Grund vor allem in der durch die gemeinschaftliche Ausführung gesteigerten Gefährlichkeit der Tat besonders für die Zollbeamten; die im willensmäßigen Zusammenschluß für die Dauer liegende Gefahr bildet nur einen weiteren Strafschärfungsgrund. Beim Bandendiebstahl dagegen ist die im willensmäßigen Zusammenschluß für die Dauer liegende Gefahr in den Vordergrund gerückt; in geringerem Maße ist aber auch in dem zeitlichen und örtlichen Zusammenwirken mehrerer ein gefahrerhöhender Umstand zu erblicken. Das rechtfertigt die Auslegung, daß in beiden Bestimmungen die Strafschärfung an ein zeitliches und örtliches Zusammenwirken mehrerer gebunden ist, daß aber beim Bandenschmuggel die außerordentliche Strafe schon dann eintritt, wenn sich die Mitwirkenden zur Ausführung einer einzelnen bestimmten Tat verbunden haben, während beim Bandendiebstahl die Verbindung für die Dauer eine Voraussetzung der Strafschärfung bildet. Hienach können die einzelnen Diebstähle, die infolge der Bandenbildung begangen werden, nur insoweit als Bandendiebstahl beurteilt werden, als bei der Verwirklichung des Diebstahlstatbestands mehrere (mindestens zwei) Mitglieder der Bande zugegen und irgendwie mittätig sind, wobei allerdings, abgesehen von der persönlichen Anwesenheit, jegliche Art der Beteiligung, auch eine bloß geistige, genügt. Ferner können bei jedem dieser Diebstähle nur jene Bandenmitglieder, die bei der Ausführung zugegen und irgendwie mittätig sind, mit der Strafe des Bandendiebstahls belegt werden, während auf die nicht anwesenden Mitglieder der Bande, soweit überhaupt eine Teilnahme im Einzelfall vorliegt, die Strafschärfung nicht anwendbar ist. Hienach war im vorliegenden Fall der Tatbestand des Bandendiebstahls bei keinem der Angeklagten erfüllt. Will man die den einzelnen Diebstählen vorausgehende gegenseitige Zusicherung der Förderung schon als Mitwirkung bei den später begangenen einzelnen Diebstählen gelten lassen, so müßte man schließlich dazu gelangen, ein Bandenmitglied, das selbst nie eine Sache weggenommen und von den Diebstählen der Genossen vorher nie Kenntnis erlangt, sondern nur beim Absatz der gestohlenen Sachen mitgewirkt hat, nicht wegen gewerbsmäßiger Hehlerei, sondern wegen Mitwirkung an den von den Genossen begangenen Diebstählen zu verurteilen. Das wäre nicht der Sinn des Gesetzes. (I, 3. Mai 1932.)

Amtl. Sammlg. S. 236—344.

Vgl. Bd. 9 S. 42, 75, 296; Bd. 16 S. 173; Bd. 25 S. 421; Bd. 35 S. 13; Bd. 39 S. 53; Bd. 52 S. 209; Bd. 53 S. 138; Bd. 54 S. 246; Bd. 56 S. 90, 329; Bd. 58 S. 279; Bd. 59 S. 376.

76. Notwehr. Überschreitung. Irrtum. (StGB. § 54.) H. und W. gerieten miteinander in ein Geräufe, wurden aber von S., dem Begleiter des H., getrennt. S. forderte H. auf, mit ihm nach Hause zu gehen; dieser leistete keine Folge. Als W. ihn neuerdings angriff, versetzte er ihm einen Messerstich; dieser hatte seinen Tod zur Folge. Das Schwurgericht nahm an, daß H. im ersten Kampfabschnitt nicht in Notwehr gehandelt, im zweiten jedenfalls das zur Abwehr des Angriffs erforderliche Maß überschritten habe. Die Revision des Angeklagten hatte keinen Erfolg. Das Schwurgericht hatte darauf Gewicht gelegt, daß H. in der Lage war, die Hilfe des S. anzurufen. Es hatte nicht verkannt, daß im allgemeinen einem Angegriffenen nicht zugemutet werden kann, zur Abwehr auf eigene Tätigkeit zu verzichten und die Hilfe anderer Personen anzurufen; für den vorliegenden Fall hatte es aber eine Ausnahme für gegeben erachtet, weil S. zum Eingreifen bereit war, über erhebliche Körperkräfte verfügte und im Verein mit dem Angeklagten den W. leicht überwinden hätte können. Dieser Auffassung trat das Reichsgericht bei. Der Angeklagte hätte, wenn er das Eingreifen des S. veranlaßt hätte, keine eigenen Interessen preisgegeben, insbesondere auch nicht, wie bei einer Flucht, seine Ehre gefährdet, zumal er im vorausgegangenen Kampf nicht unterlegen war. Es lag auch überhaupt keine Verteidigung auf seiten des Angeklagten vor. Dieser war, als S. ihn von seinem Gegner getrennt hatte, keineswegs damit einverstanden, daß der Kampf nun zu Ende sein sollte, hatte auch das Messer schon gezogen, ehe W. ihn neuerdings angriff. Das war nicht Verteidigung, weder in der Form der reinen Abwehr noch des Gegenangriffs, sondern eine Tat, die dem Angriffswillen und dem Ehrgeiz, den Sieg davonzutragen, entsprungen war. (II, 4. Mai 1932.) Amtl. Sammlg. S. 244—246.

Vgl. Bd. 16 S. 69; Bd. 32 S. 391.

77. Fürsorgeleistungen. Verkürzung. Betrug. Nichtigkeit. (StGB. §§ 73, 263, 353; BGB. § 138.) Die Behandlung von Gesuchen um Unterstützung auf Grund der öffentlichen Fürsorgepflicht war in einem Bezirk in der Weise geregelt, daß die Gemeindevorsteher im Auftrag des Bezirksfürsorgeverbandes die Unterstützungsgesuche verbeschieden und die bewilligten Beträge auszahlten, der Bezirksfürsorgeverband aber dann 70% ersetzte, während den Rest die Gemeinde zu tragen hatte. Vom 1. Februar 1926 an übernahm der Bezirksfürsorgeverband die gesamte Regelung. Die Gemeindevorsteher hatten nunmehr die Gesuche mit ihren Vorschlägen dem Wohlfahrtsamte des Bezirksfürsorgeverbands einzureichen, dieses entschied über die Gesuche, sandte den Unterstützungsempfängern die bewilligten Beträge und hob von den Gemeinden die auf diese entfallenden Anteile ein. Ein Gemeindevorsteher zahlte bis zum 1. Februar 1926 den Unterstützungsempfängern nur den Anteil des Wohlfahrtsamts aus und ließ sich nach diesem Zeitpunkt den auf die Gemeinde entfallenden Anteil von den Unterstützungsempfängern zurückzahlen; die abgezogenen oder zurückbehaltenen Beträge wurden zur Senkung der Gemeindelasten verwendet. Seine Verurteilung wegen fortgesetzter Verkürzung amtlicher Leistungen in Tateinheit mit fortgesetztem Betrug wurde vom Reichsgericht bestätigt. § 353 Abs. 2 StGB. bedroht einen Beamten mit Strafe, der bei der amtlichen Ausgabe von Geldern oder Naturalien dem Empfänger vorsätzlich und rechtswidrig Abzüge macht und die Ausgabe als vollständig geleistet in Rechnung stellt. Die Handlung setzt sich aus zwei Teilen zusammen: aus der amtlichen Verkürzung des Empfängers und aus der unwahren Verrechnung der Teilleistung als einer voll bewirkten Leistung. Der erste Teil richtet sich gegen den Empfänger, der zweite gegen die Körperschaft, für die der Beamte bei der Auszahlung tätig geworden ist. Der Tatbestand war nach beiden Richtungen erfüllt. Daß die Unterstützungsempfänger den Abzügen zugestimmt und später auf Verlangen des Angeklagten einen Teil der empfangenen Unterstützungen diesem zurückgegeben hatten, änderte daran nichts, denn diese Rechtsgeschäfte verstießen gegen die guten Sitten und waren darum nichtig. Die Bewilligung der Wohlfahrtsunterstützungen, ihre Auszahlung und die Verrechnung der Kosten zwischen Bezirksfürsorgeverband und Gemeinde hatte ihre Grundlage in den Vorschriften des öffentlichen Rechts und der Angeklagte war nicht berechtigt, sie durch persönliche Vereinbarungen mit den unter einem Druck handelnden Unterstützungsempfängern abzuändern. In einem Fall hatte der Angeklagte dem Wohlfahrtsamte mitgeteilt, daß er einer Frau aus der Gemeindekasse 20 RM zum Ankauf von Holz gegeben habe, und um Erstattung des auf den Bezirksfürsorgeverband treffenden Anteils ersucht. Das Wohlfahrtsamt hatte darauf der Gemeinde 14 RM gutgeschrieben. Eine Zahlung an die Frau hatte der Angeklagte nicht geleistet, vielmehr dieser erklärt, er werde den Betrag auf den in den folgenden Monaten von der laufenden Unterstützung der Frau zurückzuzahlenden Gemeindeanteil verrechnen. Auch hier war der Tatbestand erfüllt. Die Zurückbehaltung des ganzen Betrags, der der Frau hätte gegeben werden sollen, stand einem Abzug gleich; die unrichtige Verrechnung war dem Wohlfahrtsamt gegenüber erfolgt. Die auf die Verurteilung wegen Betrugs sich beziehenden Ausführungen des Urteils sind nicht veröffentlicht. (II, 9. Mai 1932.)

Amtl. Sammlg. S. 246—249.

78. **Erwerb von Schußwaffen. Erwerbsschein. Irrtum.** (WaffVO. § 3; SchußwG. §§ 10, 12, 15; StGB. § 59.) Eine Pistole wurde vorübergehend zu leihen genommen. Die Verurteilung wegen Erwerbs einer Schußwaffe ohne Erwerbschein wurde bestätigt, obwohl sich der Erwerber im Besitz einer Bescheinigung des Polizeipräsidenten befand, wonach er zum Führen von Schußwaffen berechtigt war. Der Erwerb im Sinne des Schußwaffengesetzes ist dinglich, als Besitzerwerb zu verstehen; es genügt die Erlangung der tatsächlichen Gewalt, der tatsächlichen Möglichkeit, über die Sache nach eigener Entschließung zu verfügen. Es macht nichts aus, ob der Erwerb dauernd oder vorübergehend gedacht ist; das ergibt sich schon daraus, daß die Beförderer von Schußwaffen vom Erwerbscheinzwang befreit sind, wenn sie gewerbsmäßig tätig werden, daß also an sich schon die Übernahme von Schußwaffen zur Beförderung ein Erwerben darstellt. Die Bescheinigung des Polizeipräsidenten war kein Waffenschein im Sinne des § 12 SchußwG., da auf ihr die Genehmigung zum Erwerb von Schußwaffen nicht besonders vermerkt war. In der Erteilung eines Waffenscheins liegt eine solche Genehmigung nicht. Wenn der Angeklagte anderer Auffassung war, lag ein Irrtum über Strafrechtssätze

vor, der die Strafbarkeit nicht ausschloß. (III, 23. Mai 1932.) Amtl. Sammlg. S. 249—251.

79. Rauschgift. Tateinheit. Gesetzeseinheit. Irrtum. (StGB. §§ 73, 367; OpG. § 8.) Wenn ein im Opiumgesetz aufgeführtes Gift unbefugt überlassen wird, besteht keine Tateinheit zwischen dem Vergehen nach § 8 OpG. und der Übertretung nach § 367 Nr. 3 StGB.; das Opiumgesetz ist als das besondere Gesetz ausschließlich anzuwenden. Es liegt Gesetzeseinheit vor. Ein Irrtum darüber, ob die erforderliche polizeiliche Erlaubnis zur Abgabe von Giften vorliegt, bezieht sich auf eine außerhalb des Strafgesetzes getroffene, auf dem Gebiete des Verwaltungsrechts liegende Anordnung der Staatsgewalt. (III, 23. Mai 1932.)

Amtl. Sammlg. S. 251—252.

Vgl. Bd. 47 S. 385; Bd. 62 S. 369; RGRspr. Bd. 2 S. 546; Bd. 7 S. 579, 649.

80. Beratung. Abstimmung. (GVG. § 193.) Ein Referendar, der sich zu seiner Ausbildung beim Landgericht befand, war bei der Beratung und Abstimmung eines schwurgerichtlichen Urteils anwesend, obwohl er zuvor in der Verhandlung als Zeuge vernommen worden war. Das führte zur Aufhebung des Urteils. Von der Beratung und Abstimmung sind alle Personen fernzuhalten, durch die eine unzulässige Beeinflussung des Gerichts möglich wäre. Wenn den beim Gericht zu ihrer juristischen Ausbildung beschäftigten Personen die Anwesenheit gestattet wird, ist daraus nicht zu folgern, daß dies unter allen Umständen gilt; vielmehr ist im Einzelfall zu prüfen, ob nicht Gründe vorliegen, die aus allgemeinen verfahrensrechtlichen Erwägungen ihrer Zulassung entgegenstehen. Das trifft zu, wenn der Referendar in irgendeiner Weise am Verfahren beteiligt ist, z. B. dem Angeklagten als Verteidiger beigeordnet oder als Amtsanwalt tätig war. Ebenso unzulässig ist seine Anwesenheit, wenn er als Zeuge in der Sache vernommen worden ist. Nur seine Mitwirkung als Urkundsbeamter ist als unbedenklich anerkannt worden, da nur unter ganz besonderen Voraussetzungen anzunehmen ist, daß die Anwesenheit des Urkundsbeamten dem Zweck der Vorschrift entgegensteht. (II, 23. Mai 1932.)

Amtl. Sammlg. S. 252—254.

Vgl. Bd. 18 S. 161; Bd. 64, S. 168.

81. Kindsentziehung. (BGB. §§ 1635, 1636; StGB. § 235.) In einem Scheidungsurteil war der Ehemann als allein schuldig erklärt worden. Vom Vormundschaftsgericht wurde ihm das Recht zum Verkehr mit dem aus der Ehe hervorgegangenen Kinde innerhalb bestimmter Zeit zugesprochen. Der Anwalt der Mutter war dieser behilflich, die Durchführung der Anordnung zu vereiteln. Das erfüllte den Tatbestand der Kindsentziehung. Die dem geschiedenen Ehegatten, dem die Sorge für die Person des Kindes nicht zusteht, vorbehaltene Befugnis zum persönlichen Verkehr mit dem Kinde ist in der elterlichen Gewalt begründet; sie soll ihm die Möglichkeit gewähren, sich von dem leiblichen und geistigen Wohl des Kindes zu überzeugen und gegebenenfalls das dazu erforderliche zu veranlassen. Diese Befugnis genießt ebenso wie die Sorge für die Person des Kindes strafrechtlichen Schutz; wer sie vereitelt, entzieht dem Elternteil, dem sie zusteht, das Kind. (III, 30. Mai 1932.)

Amtl. Sammlg. S. 254—255.

Vgl. Bd. 64 S. 47.

82. Notverordnung. Verfassungsmäßigkeit. Ausnahmegericht. Aktiengesellschaft. Absicht. Bedingter Vorsatz. Zuständigkeit. (RVerf. Art. 48, 105; HGB. § 312; GVG. §§ 24, 74; NotVO. vom 6. Okt. 1931 Kap. I §§ 1, 19.) Die Notverordnung vom 6. Oktober 1931 ist vom Reichsgericht in mehreren Entscheidungen ohne nähere Begründung als rechtsgültig anerkannt worden. Die vorliegende Entscheidung befaßt sich mit der Frage eingehend. Sie gelangt wieder zur Bejahung der Rechtsgültigkeit. Art. 48 RVerf. ermächtigt den Reichspräsidenten, wenn im Deutschen Reich die öffentliche Sicherheit und Ordnung erheblich gestört oder gefährdet ist, zur Wiederherstellung der öffentlichen Sicherheit und Ordnung Rechtsverordnungen mit Gesetzeskraft zu erlassen und in diesen Verordnungen die rechtlichen Beziehungen der Volksgenossen untereinander und zum Staate in demselben Umfang und in derselben Art zu regeln, wie das durch ein einfaches Gesetz geschehen kann, auch bestimmte Grundrechte vorübergehend außer Kraft zu setzen. Die Maßnahmen dürfen, da sie zur Wiederherstellung der öffentlichen Sicherheit und Ordnung getroffen werden können, nicht endgültig für alle Dauer bestimmt sein; doch beeinträchtigt der Umstand, daß eine Regelung für eine ungewisse Zeit von voraussichtlich längerer Dauer eingeführt wird, die Gültigkeit der Verordnungen nicht. Die Frage, ob die tatsächlichen Voraussetzungen für den Erlaß einer Notverordnung erfüllt und ob die getroffenen Maßnahmen zur Wiederherstellung der öffentlichen Sicherheit und Ordnung nötig oder zweckmäßig sind, entzieht sich der richterlichen Nachprüfung; insoweit greift die Überwachung durch den Reichstag ein, auf dessen Verlangen die Maßnahmen außer Kraft zu setzen sind. Das Gericht kann aber nachprüfen, ob die Anordnungen nach ihrer Art die öffentliche Sicherheit und Ordnung berühren und geeignet sind, zu ihrer Wiederherstellung beizutragen oder ob die durch Art. 48 R.-Verf. begründete Befugnis willkürlich mißbraucht wird. Vereinigt eine Notverordnung mehrere sachlich voneinander trennbare Vorschriften in sich, so ergreift die richterliche Prüfung immer nur die jeweils einschlägige Vorschrift, da ihre Verfassungsmäßigkeit, wenn sie gegeben ist, durch die Verfassungswidrigkeit anderer, in derselben Verordnung enthaltener Vorschriften nicht beeinträchtigt würde. Die in der Notverordnung vom 6. Oktober 1931 vorgeschriebene Vereinfachung der Strafrechtspflege ist ihrer Art nach geeignet, die Wiederherstellung einer gestörten oder gefährdeten öffentlichen Sicherheit und Ordnung zu fördern. Sie zielt auf die beschleunigte Erledigung von Strafsachen größeren Umfangs ab; an dieser kann um der öffentlichen Sicherheit und Ordnung willen gelegen sein, gleichviel, ob die Verfehlungen aus politischen Kämpfen oder wirtschaftlichen Schäden hervorgegangen sind. Die Vorschrift des Art. 105 RVerf., daß niemand seinem gesetzlichen Richter entzogen werden darf, wird durch sie nicht verletzt. Wer der gesetzliche Richter ist, bestimmt nicht die Reichsverfassung, sondern das Gerichtsverfassungsgesetz; die Änderung dieser Vorschriften ist nicht an die für die Verfassungsänderungen geltenden erschwerenden Bedingungen geknüpft. Die Vorschrift, daß bestimmte Strafsachen von größerem Umfang von den Strafkammern im ersten Rechtszug abzuurteilen sind, stellt nur eine Verschiebung der Zuständigkeit innerhalb der ordentlichen Gerichte dar und läßt nicht die Auffassung zu, daß die Strafkammern als Ausnahmegerichte bestellt worden seien. Als Ausnahmegericht ist ein Gericht anzusehen, das außerhalb des Kreises der mit der Rechtsschutzgewährung allgemein betrauten Gerichte geschaffen worden ist, damit es über einen bestimmten Einzelfall oder mehrere bestimmte Einzelfälle urteile. Das Reichsgericht prüfte auch die Frage, ob nicht der Gebrauch, der in fortschreitendem Maße von der Befugnis des Art. 48 RVerf. gemacht wird, in seiner Gesamtheit der Verfassung zuwiderläuft. Daß die Anwendung dieser Vorschrift weit über das hinausgreift, was bei Schaffung der Verfassung erstrebt und erwartet wurde, kann nicht zweifelhaft sein. Der Grundsatz der Gewaltenteilung soll die Volksgenossen davor schützen, das die Staatsgewalt ihnen sachliches Unrecht unter der äußeren Geltung als Recht zufügt. Nur ein in der Form des Gesetzes (unter Umständen des verfassungsändernden Gesetzes) gebildeter staatlicher Wille soll die Macht haben, das Leben, die Freiheit und das Vermögen der Bürger anzugreifen. Die Reichsgesetzgebung soll in der Hand der Volksvertretung liegen; nur in außerordentlichen Fällen sollen die außerordentlichen Befugnisse des Reichspräsidenten zur Rettung des bedrängten Staates entfaltet werden. Im Gegensatz zu diesen Absichten und Erwartungen der Schöpfer der Verfassung ist die fortdauernde Änderung der rechtlichen Beziehungen des Volksgenossen durch Verordnungen des Reichspräsidenten zur Regel geworden. Die Eingriffe in die Güter der Bürger vollziehen sich in reichem Wechsel, ohne die sorgfältige Vorbereitung und Aufklärung, die der Ausarbeitung der Gesetze eigentümlich ist. Schwerwiegende nachteilige Folgen werden mehr und mehr bemerkbar. Die Sicherheit des Rechtsverkehrs leidet. Der Zweifel an Gerechtigkeit und Nützlichkeit breitet sich aus. Er zieht Unzufriedenheit nach sich. Die Zerrissenheit wächst. Allein die Erkenntnis, daß der tatsächliche Zustand nicht so geworden ist, wie ihn die Verfassungsurkunde herstellen wollte, reicht zum Nachweis der Verfassungswidrigkeit des Vorgehens des Reichspräsidenten nicht ohne weiteres aus. Zu der auf dem Deutschen Reich seit vielen Jahren lastenden wirtschaftlichen und finanziellen Bedrängnis hat sich ein weiterer Übelstand gesellt, indem der Reichstag sich zum großen Teil aus der Gesetzgebung selbst ausgeschaltet hat. Der Reichspräsident und die Reichsregierung sind hierdurch dazu gedrängt worden, die im Art. 48 RVerf. eröffneten Möglichkeiten über die Grenze hinaus auszunützen, innerhalb deren sich die Einrichtung nach dem Sinne der Verfassungsurkunde bewegen sollte. Was sie getan haben, um das Volk in einer staatlichen Ordnung zu erhalten, die dem Grundgesetz zwar nicht vollkommen, aber doch insoweit entspricht, als dies in der gesetzlich nicht geregelten Lage möglich ist, kann nicht einer Verletzung der Verfassung gleichgeachtet werden. Was zur Abhilfe geschehen kann, ist eine politische Frage, zu deren Beantwortung die Gerichte nicht berufen sind. Irgend einmal kann aber in Beziehung auf irgendeine Stufe der Entwicklung aus dem Streit der politischen Anschauungen heraus die allgemeine Überzeugung davon hervorgehen, daß die Anwendung der an sich gebotenen Mittel zur Wiederherstellung der Arbeitsfähigkeit der gesetzgebenden Körperschaft aus irgendwelchen Gründen versäumt wird. Steht diese Tatsache fest, dann sind die Gerichte allerdings verpflichtet, die Rechtsgültigkeit der in mißbräuchlicher Handhabung des Art. 48 RVerf. erlassenen Verordnungen zu verneinen. — Die Entscheidung betraf einen Fall der Schädigung einer Aktiengesellschaft durch ihren Vorstand. Das Reichsgericht hielt hier an der bisherigen Rechtsprechung fest, wonach „Absicht" im Sinne des § 312 HGB. nichts anderes bedeutet als „Vorsatz", so daß auch die leichteste Art des Vorsatzes, der bedingte Vorsatz, mit heranzuziehen ist. Dafür genügt allerdings nicht, daß bei pflichtmäßiger Prüfung mit einer Verlustgefahr gerechnet wird; vielmehr bedarf es immer des Nachweises nicht nur des Bewußtseins des Geschäftsführers davon, daß seine Handlung einen Nachteil hervorrufen kann, sondern auch seines auf die Hervorrufung dieses Nachteils gerichteten Willens. Dieser ist allerdings anzunehmen, wenn der Geschäftsführer Geschäfte vornimmt, die, ihm bewußt, von dem Gebot kaufmännischer Sorgfalt abweichen, bei denen einer aufs äußerste gesteigerten Verlustgefahr nur eine höchst zweifelhafte Aussicht auf günstigen Verlauf gegenübersteht. Die unsichere Hoffnung, eine jeder Erfahrung widersprechende Fügung werde die Gesellschaft vor Schaden bewahren, schließt nicht aus, daß der Geschäftsführer wegen vorsätzlicher Benachteiligung der Gesellschaft zur Verantwortung gezogen wird. (II, 2. Juni 1932.)

Amtl. Sammlg. S. 255—262.

Vgl. Bd. 55 S. 115; Bd. 56 S. 163, 189, 240; Bd. 57

S. 384; Bd. 58 S. 121, 271, 362; Bd. 59 S. 30, 44, 188; Bd. 61 S. 425; Bd. 65 S. 364; RGZ. Bd. 107 S. 322; Bd. 126 S. 162; Bd. 128 S. 167; Bd. 131 S. 363; Bd. 134 Anh. S. 21, 43; RGSt. Bd. 7 S. 282; Bd. 260 S. 137; Bd. 33 S. 5; Bd. 38 S. 5; Bd. 39 S. 241; Bd. 49 S. 382; Bd. 53 S. 194; Bd. 61 S. 213.

83. **Waffenmißbrauch. Totschlagsversuch.** (SchußwG. §§ 15, 25; RPrVO. vom 28. März 1931, § 5; vom 14. Juni 1932 § 13.) Auf einen Polizeibeamten wurde geschossen; der Täter führte die Schußwaffe unbefugt mit sich. Er wurde wegen Totschlagsversuchs in Tateinheit mit unbefugter Waffenführung verurteilt. Seine Revision führte dazu, daß die Verurteilung wegen Waffenführung aufgehoben wurde. Die Verordnung des Reichspräsidenten zur Bekämpfung politischer Ausschreitungen verschärfte die bisher für rechtswidrige Angriffe mit Schußwaffen angedrohten Strafen in der Weise, daß ein neues Strafgesetz mit weit gefaßtem Tatbestand und einheitlicher Strafbestimmung geschaffen wurde. Der Tatbestand dieses Strafgesetzes umfaßt nach seinem Wortlaut ohne Unterschied alle Fälle einer mit einer Schußwaffe begangenen oder angedrohten Gewalttätigkeit. Die große Verschiedenheit dieser Fälle nach Schwere und Strafwürdigkeit erlaubte aber nicht, sie alle ein und derselben Strafdrohung zu unterstellen. In den Grenzen des neuen Tatbestands wurde darum der Strafrahmen so bemessen, daß er der Strafwürdigkeit der leichteren Fälle entsprach, während für die schwereren Fälle auf die für diese schon bestehenden schärferen Strafdrohungen verwiesen wurde. Ohne Bedeutung ist es dabei, ob das Waffenführen sich in der Gewalttätigkeit oder der Androhung einer solchen erschöpft oder ob es schon vorher seinen Anfang genommen und bis zur rechtswidrigen Verwendung der Waffe fortgedauert hat, ebenso, ob der Vorsatz, die Gewalttätigkeit zu begehen oder anzudrohen, schon bei Beginn des Waffenführens bestand oder erst später gefaßt wurde. Demgemäß war die Verurteilung wegen Waffenführens fehlerhaft. (II, 23. Mai 1932.) Amtl. Sammlg. S. 262—265.

Vgl. Bd. 66 S. 218.

84. **Rechtsmittel. Verteidiger. Vollmacht. Verzicht. Bedingung.** (StPO. §§ 137, 138, 297, 302.) Gegen das Urteil des Schöffengerichts legte der Angeklagte Berufung

ein. Ein von seiner politischen Partei mit der Wahrnehmung der Rechte der Parteigenossen betrauter Rechtsanwalt legte gegen das gleiche Urteil Revision ein, ohne Vollmacht des Angeklagten zu besitzen. Nachträglich erteilte ihm der Angeklagte Vollmacht. Er erklärte nunmehr, daß nicht die Berufung, sondern die Revision fortgeführt werden solle. Das Schöffengericht verwarf die Revision, weil die Begründung zu spät eingegangen war. Der Verteidiger beantragte Wiedereinsetzung in den vorigen Stand. Der Antrag wurde verworfen, weil überhaupt keine wirksame Revision vorlag. Die Einlegung eines Rechtsmittels für einen Angeklagten ist ein Akt der Stellvertretung. Voraussetzung seiner Wirksamkeit ist, daß die (aus der Verteidigerstellung sich ergebende) Vollmacht im Zeitpunkt der Einlegung des Rechtsmittels vorhanden ist. Fehlt es hieran, so ist die Einlegung unwirksam. Durch nachträgliche Genehmigung kann diese Unwirksamkeit nicht behoben werden, auch nicht, wenn sie innerhalb der Einlegungsfrist erklärt wird. Die öffentlich-rechtliche Natur des Prozesses und die im öffentlich-rechtlichen Interesse zu fordernde Sicherstellung eines geordneten Verfahrens verlangen zweifelfreien Bestand der auf Einlegung, Verzicht oder Zurücknahme eines Rechtsmittels gerichteten Willenserklärung. Damit ist ein Schwebezustand, wie er im bürgerlichen Recht möglich ist, unvereinbar. So wenig die Rechtsmitteleinlegung von einer Bedingung abhängig gemacht werden kann, ebenso wenig kann sie unter dem Vorbehalt der Genehmigung des Berechtigten abgegeben werden. Wirksam eingelegt war nur die Berufung. Diese wurde auch durch die Erklärungen des Verteidigers nicht berührt. Die Revisionserklärung war wirkungslos und konnte daher auf die Berufung keinen Einfluß üben. Die spätere Erklärung ließ allerdings den Willen erkennen, daß die Berufung nicht weitergeführt werden solle, sie war aber an die Voraussetzung geknüpft, daß die Revision durchgeführt werde. Es handelte sich also um eine an eine (noch dazu unmögliche) Bedingung geknüpfte Zurücknahme der Berufung. Die bedingte Zurücknahme eines Rechtsmittels ist aber ebenso unmöglich wie eine bedingte Einlegung. (III, 30. Mai 1932.)

Amtl. Sammlg. S. 265—268.

Vgl. Bd. 57 S. 83; Bd. 60 S. 354; Bd. 62 S. 426.

85. **Bankerott. Tateinheit. Tatmehrheit.** (StGB. §§ 73, 74; KO. §§ 241, 242.) Ein Schuldner, der seine Zahlungen eingestellt hatte, zahlte seinem Schwager ein Darlehen vor der Fälligkeit zurück; seine Frau war ihm dabei behilflich. Sie täuschte ihn auch über den Bestand seines Vermögens und erzielte dadurch, daß er gutgläubig einen unrichtigen Offenbarungseid leistete. Der Mann wurde wegen Vergehens gegen § 241 KO. verurteilt, die Frau wegen Beihilfe hiezu in Tateinheit mit einem Verbrechen gegen § 242 KO. Das Reichsgericht verwies die Sache zurück. Die zu § 242 festgestellte Handlung der Frau deckte sich in keinem Punkte mit ihrer Beihilfe zum Vergehen des Mannes nach § 241; somit war Tatmehrheit gegeben. Allerdings werden Bankerotthandlungen des Gemeinschuldners durch die gemeinsame Beziehung zu der einen Konkurseröffnung oder Zahlungseinstellung zu einer Einheit verbunden. Dieser Gesichtspunkt trifft aber auf andere Personen nicht zu. Begrifflich notwendige Tateinheit kann bei ihnen in Frage kommen, wenn mehrfache Betätigung im Verhältnis der unselbständigen Teilnahme (Anstiftung, Beihilfe) zu einer begrifflichen Tateinheit des Gemeinschuldners vorliegt. Zufällige Tateinheit war nicht gegeben. (III, 6. Juni 1932.)

Amtl. Sammlg. S. 268—269.
Vgl. Bd. 29 S. 304.

86. **Verbot einer Druckschrift. Verbreitung. Preßvergehen.** (RepSchG. §§ 5, 23, 14.) Eine Zeitung wurde auf die Dauer einer Woche verboten. Ein Buchhändler hing die Nummer, auf die sich das Verbot gründete, in seinem Schaufenster aus, indem er zugleich auf das Verbot hinwies. Er wurde von der Anklage eines Vergehens gegen das Republikschutzgesetz in allen Rechtszügen freigesprochen. Mit Strafe ist bedroht, wer eine verbotene periodische Druckschrift herausgibt, verlegt, druckt oder verbreitet. Wie aus den Verhandlungen bei der Beratung des Gesetzes hervorgeht, soll damit das künftige Erscheinen der Zeitung für einige Zeit verhindert werden; auf die Nummer, die zu der Beanstandung Anlaß gegeben hat, bezieht sich das Verbot nicht. Einer Bestrafung des Angeklagten auf Grund des Preßgesetzes stand entgegen, daß der strafbare Inhalt des beanstandeten Aufsatzes schwer erkennbar war und dem

Angeklagten ohne Fahrlässigkeit entgangen sein konnte. (III, 13. Juni 1932.) Amtl. Sammlg. S. 270—272.

Vgl. Bd. 59 S. 81.

87. **Blutgruppenuntersuchung. Gutachten. Ärztliches Berufsgeheimnis.** (StGB. §§ 154, 300; StPO. §§ 53, 76.) In einem Rechtsstreit wegen Unterhalts beschwor die Mutter des klagenden Kindes, während der Empfängniszeit nur mit dem Beklagten verkehrt zu haben. Dieser wurde zur Zahlung einer Unterhaltsrente verurteilt. Vor dem Berufungsgericht beantragte er Blutgruppenuntersuchung; diese wurde vom Reichsgericht angeordnet. Sie ergab, daß das Kind nicht vom Beklagten stammte. Gegen die Mutter des Kindes wurde wegen Meineids ein Strafverfahren eingeleitet. Während der Voruntersuchung ordnete der Untersuchungsrichter nochmals eine Blutgruppenuntersuchung an; sie hatte das gleiche Ergebnis. In der Hauptverhandlung widersprach der Verteidiger der Vernehmung der beiden Ärzte, welche die Untersuchungen vorgenommen hatten, mit der Begründung, daß die Angeklagte die irrtümlich und ohne vorgängige Aufklärung erteilte Genehmigung zur Blutgruppenuntersuchung zurückziehe und die beiden Ärzte nicht von ihrer Schweigepflicht entbinde. Das Gericht beschloß, die beiden Ärzte als Sachverständige zu vernehmen. Die Angeklagte wurde verurteilt. Ihre Revision hatte keinen Erfolg. Weder im Rechtsstreit wegen Unterhalts noch in der Voruntersuchung war irgendein Zwang zur Duldung der Blutgruppenuntersuchung geübt worden; im Rechtsstreit hatte die Angeklagte ausdrücklich ihr Einverständnis erklärt und demgemäß durfte der Untersuchungsrichter gleichfalls mit ihrem Einverständnis rechnen. Auch ohne die Einverständniserklärung hätte der Untersuchungsrichter die Angeklagte auffordern dürfen, eine Blutgruppenuntersuchung vornehmen zu lassen, worauf es ihr dann freigestanden hätte, der Blutentnahme zu widersprechen. Die Untersuchung und die darüber erstatteten Gutachten waren also ohne Rechtsverstoß zustandegekommen. Ein Recht zur Verweigerung des Zeugnisses oder der Erstattung eines Gutachtens haben Ärzte nur über das, was ihnen bei Ausübung ihres Berufs anvertraut ist. Unter Anvertrauen ist jede Mitteilung, auch die Gewährung von Gelegenheit zu Wahrnehmungen oder Beobachtungen, zu verstehen, bei der die

Geheimhaltung ausdrücklich verlangt oder stillschweigend erwartet wird. Eine Mitteilung dieser Art liegt nicht vor, wenn eine Person auf Grund gerichtlicher Anordnung unter ausdrücklichem oder stillschweigendem Verzicht auf einen etwa möglichen Widerspruch einem Sachverständigen Gelegenheit zu Wahrnehmungen und Beobachtungen gibt, die dazu bestimmt sind, in einem Verfahren verwendet zu werden. Übrigens hat ein Angeklagter selbst dann, wenn ein einem Arzt anvertrautes Amtsgeheimnis in Frage steht, keinen verfahrensrechtlichen Anspruch darauf, daß der Arzt von seinem Recht zur Verweigerung des Zeugnisses oder Gutachten Gebrauch macht; auch eine Belehrung des Arztes über dieses Recht ist nicht vorgeschrieben. Unzulässig wäre es nur, wenn das freie Ermessen des Arztes durch einen Gerichtsbeschluß beeinträchtigt würde. Das war nicht geschehen. (I, 26. April 1932.)

Amtl. Sammlg. S. 273—275.

Vgl. Bd. 48 S. 269; Bd. 54 S. 39; Bd. 57 S. 63.

88. **Politische Ausschreitungen. Lastwagenfahrten. Anmeldepflicht. Entsprechende Anwendung. Irrtum. Fahrlässigkeit.** (RPrVO. vom 28. März 1931 § 4; StGB. § 59.) Öffentliche politische Versammlungen sowie alle Versammlungen und Aufzüge unter freiem Himmel müssen spätestens 24 Stunden vorher unter Angabe des Ortes, der Zeit und des Versammlungsgegenstandes der Ortspolizeibehörde angemeldet werden; diese kann unter gewissen Voraussetzungen die Versammlungen und Aufzüge verbieten oder nur unter Auflagen genehmigen. Die Vorschrift gilt entsprechend für Personenfahrten auf Lastwagen, die von Mitgliedern politischer Vereinigungen oder zu politischen Zwecken unternommen werden. „Entsprechend" heißt: Soweit sich aus der Natur dieser Fahrten nichts anderes ergibt. Eine nähere Regelung der Frage, welcher Ortspolizeibehörde die Anmeldung zu erstatten ist, enthält die Verordnung nicht. Die Frage bietet Schwierigkeiten, wenn eine anmeldepflichtige Fahrt mehrere Ortspolizeibezirke berührt. Die Ausführungsvorschriften der Länder gehen auseinander. Soweit nichts besonderes bestimmt ist, muß auf den Zweck der Vorschrift zurückgegangen werden. Diese will Gefahren, die sich aus Versammlungen, Aufzügen und Fahrten ergeben, nach Möglichkeit vermeiden, und zwar dadurch, daß die Polizei von

der Absicht solcher Veranstaltungen rechtzeitig Kenntnis erlangt, die nötigen Schutzmaßnahmen treffen und, wenn bestimmte Gefahren drohen, die Veranstaltungen verbieten kann. Dieser Zweck kann nur erreicht werden, wenn Aufzüge und Fahrten, die durch verschiedene Bezirke führen, bei jeder Ortspolizeibehörde angemeldet werden. Die Schwierigkeiten, die sich hieraus ergeben, müssen zurücktreten gegenüber dem höheren Zweck, den die Verordnung verfolgt. Der Angeklagte hatte sich darauf berufen, er habe geglaubt, es genüge die Anmeldung bei der Ortspolizeibehörde des Ausgangsortes. Wenn das zutraf, lag ein Irrtum über Rechtssätze vor, die außerhalb des Strafrechts liegen; die Vorschrift über die Anmeldung ist keine Strafvorschrift, sondern eine Verwaltungsvorschrift. Dieser Irrtum machte aber den Angeklagten nicht ohne weiteres straffrei. Aus dem Grund und Zweck der Vorschriften, die als Waffe zur Bekämpfung politischer Ausschreitungen dienen sollen und einen vorbeugenden polizeilichen Charakter haben, ist zu entnehmen, daß auch die fahrlässige Zuwiderhandlung strafbar sein soll. Demzufolge war zu prüfen, ob der Irrtum des Angeklagten durch Fahrlässigkeit verschuldet war. Nur wenn diese Frage verneint wurde, war die Freisprechung des Angeklagten geboten. (III, 2. Juni 1932.) Amtl. Sammlg. S. 275—279.

Vgl. Bd. 3 S. 49; Bd. 42 S. 142; Bd. 45 S. 394.

89. **Heilbehandlung. Gewerbsmäßigkeit. Fahrlässige Tötung. Vorbehalt.** (StGB. § 222.) Ein Heilmittelhändler, der sich mit der Herstellung und dem Vertrieb von Nährsalzen und flüssigen Nährmitteln befaßte, gab an seine Kunden Druckschriften ab, die Verhaltungsmaßregeln für bestimmte Krankheitsfälle enthielten. Am Eingang jeder Druckschrift war angekündigt, daß er zu bestimmten Zeiten zu sprechen sei; der Schluß lautete, daß er gerne kostenlos Rat und Auskunft erteile, aber niemand in Behandlung nehme und daher jede Verantwortung ablehne. Einer zuckerkranken Frau, die sich an ihn wandte, übergab er eine Druckschrift, wonach sie alles, auch Brot, Kuchen und zuckerhaltige Speisen essen konnte; diese Aufklärung erteilte er ihr auch mündlich. Die Frau starb. Das Reichsgericht billigte die Verurteilung wegen erschwerter fahrlässiger Tötung. Indem der Angeklagte an Kranke oder deren Mittelspersonen Ratschläge und Anordnungen über

die Anwendung der von ihm verabfolgten Heilmittel sowie über das zur Linderung oder Behebung des Leidens zu beobachtende Verfahren, besonders über die einzuhaltende Diät erteilte, übte er die Heilmittelkunde aus. Die Unentgeltlichkeit dieser Betätigung änderte daran nichts. Demzufolge hatte der Angeklagte die Rechtspflicht, heilkundliche Anweisungen zu vermeiden, aus deren Befolgung für die Empfänger eine Schädigung der Gesundheit oder gar eine Gefahr für das Leben erwachsen konnte. Gegen diese Pflicht hatte der Angeklagte grob fahrlässig verstoßen, indem er der Frau zur Bekämpfung ihrer Zuckerkrankheit Verhaltungsmaßregeln verordnete, deren Befolgung nach der allgemein anerkannten ärztlichen Erfahrung und Wissenschaft geradezu zu ihrem Verderben ausschlagen mußte. Mit Recht war dem Angeklagten auch zum Vorwurf gemacht worden, daß er angesichts seiner ihm bewußten völligen Unwissenheit und Urteilsunfähigkeit auf ärztlichem Gebiet und mangels greifbaren Anhalts für den angeblichen Heilwert seiner Ernährungsregeln sich pflichtwidrig der einfachen und ihm ohne weiteres möglichen Überlegung verschloß, sein Verhalten könne zum Tode der Frau führen. Durch seine Erklärung, daß er jede Verantwortung ablehne, wurde die Kranke nicht an der Befolgung seiner Vorschriften gehindert. Ob ein solcher Vorbehalt überhaupt geeignet sein würde, die strafrechtliche Verantwortlichkeit bei Ausübung der Heilkunde auszuschließen, blieb dahingestellt. Für die Frage, ob der Angeklagte aus seiner Raterteilung ein Gewerbe gemacht hatte, spielte es keine Rolle, ob man seinen Betrieb als Heilgewerbe oder als mit heilkundlicher Beratung verbundenen Handel mit Heilmitteln bewertete. Ohne Anweisung über die Verwendung der Heilmittel und über das zugleich zur Bekämpfung der Krankheit zu beobachtende Verhalten, insbesondere über die zu befolgende Ernährungsweise, wäre der Vertrieb der Heilmittel aussichtslos gewesen, da die Kranken den Mitteln ratlos gegenüber gestanden wären. Die heilkundliche Anweisung und Raterteilung war also beim Bezug von Heilmitteln für beide Vertragsteile ein wesentlicher Bestandteil des Geschäfts und darum selbst ein Teil der gewerblichen Betätigung. Dabei war es rechtlich belanglos, ob der Angeklagte diesen Teil seiner Leistung mit Recht als unentgeltliche Zugabe bezeichnete oder ob er nicht schon durch den Preis des Heilmittels als abgegolten zu betrachten war; an der Gewerbsmäßigkeit auch dieser Betätigung wurde dadurch nichts geändert. (III, 6. Juni 1932.)

Amtl. Sammlg. S. 279—281.

90. Hauszinssteuerdarlehen. Betrug. Urkundenfälschung. Tateinheit. Vermögen. Arglist. Einrede aus dem Recht eines Dritten. Mietwucher. (StGB. §§ 73, 263, 267, 268, 274; MSchG. § 49 a.) Einem Baumeister wurde vom Siedlungsamt einer Stadt für die Errichtung eines Wohnhauses ein Hauszinssteuerdarlehen zugesagt; die Gewährung war an die Bedingung geknüpft, daß der Mietzins für die herzustellenden Wohnungen einen bestimmten Betrag nicht überschreiten dürfe. Für eine dieser Wohnungen vereinbarte er einen Mietzins von monatlich 45 *RM*. Da er damit die zulässige Grenze überschritt und demgemäß befürchten mußte, daß ihm der noch ausstehende Restbetrag des Darlehens nicht ausbezahlt würde, setzte er im Einverständnis mit dem Mieter in die Urkunde nur einen Betrag von 30 *RM* monatlich ein. Das Siedlungsamt wies ihn darauf hin, daß er für die Wohnung nur einen Mietzins von monatlich 27 *RM* verlangen dürfe; er änderte dann den Mietvertrag entsprechend ab, ohne den Mieter zu fragen. Da der Mieter sich über die Höhe des von ihm verlangten Mietzinses beim Siedlungsamt beschwerte, forderte dieses den Vermieter auf, alle Mietverträge vorzulegen; er ließ sie durch seine Frau einsammeln und verbrannte sie. Die Verurteilung wegen Gebrauchmachens von einer falschen Urkunde, Urkundenfälschung und Urkundenvernichtung wurde vom Reichsgerichte bestätigt; die Gründe sind nicht veröffentlicht. Zu der Verurteilung wegen Betrugs zum Nachteil des Mieters und des Siedlungsamtes führte das Reichsgericht aus: Die Annahme eines in Tateinheit mit der Urkundenfälschung begangenen Betrugs zum Nachteil des Siedlungsamts gab keinen Anlaß zu Bedenken; der Vermögensschaden war darin zu finden, daß der Angeklagte durch die falsche Angabe, er habe mit dem Mieter zu einem Mietzins von 27 *RM* abgeschlossen, das Siedlungsamt zur Auszahlung des Restes des Darlehens veranlaßte. Die Annahme eines Betrugs zum Nachteil des Mieters wurde nur insoferne beanstandet, als das Berufungsgericht auch hiefür Tateinheit mit

Urkundenfälschung angenommen hatte. Die Täuschungshandlung lag in diesem Fall nicht in der Einreichung der verfälschten Urkunde beim Siedlungsamt, sondern in dem späteren Verhalten des Angeklagten gegenüber dem Mieter. Durch die Annahme von Tateinheit war aber der Angeklagte nicht beschwert. Der Tatbestand des Betrugs war auch in dem Verhalten des Angeklagten gegenüber seinem Mieter erfüllt. Er hatte sich darauf berufen, daß der vereinbarte Mietzins dem tatsächlichen Wert der Wohnung entsprochen habe und daß der Mieter also in seinem Vermögen nicht geschädigt worden sei. Der Begriff des Vermögens im strafrechtlichen Sinne geht aber über den privatrechtlichen der wohlerworbenen (dinglichen und Forderungs-) Rechte hinaus. Er bedeutet den Inbegriff der jedem unter dem Schutze der Rechtsordnung zu Gebote stehenden wirtschaftlichen Werte. Zum Vermögen gehören alle wirtschaftlichen Belange einer Person, die unter dem Schutz der Rechtsordnung betätigt oder in einem geordneten Verfahren verwirklicht werden können. Im vorliegenden Fall handelte es sich um eine im Rahmen öffentlich-rechtlicher Fürsorge dem Angeklagten gegenüber zugunsten seiner Mieter getroffene Verfügung des Siedlungsamts. Es würde Sinn und Zweck der Einrichtung und jeder Vernunft widersprechen, den Mieter gegenüber einer Vereitelung der beabsichtigten öffentlichen Hilfe schutzlos zu stellen, derart, daß der Vertreter es in der Hand hätte, unter dem Druck der Wohnungsnot den ihm vorgeschriebenen Mietzins beliebig zu überschreiten. Bezweckte der Staat mit der Aufwendung sehr erheblicher Geldbeträge die Schaffung von Kleinwohnungen für die minderbemittelte Bevölkerung und den Schutz schwacher Mieter, so war sein Wille auch darauf gerichtet, den Mietern eine rechtlich geschützte Stellung gegenüber den Vermietern zu verschaffen. Auch ohne einen bürgerlich-rechtlichen Anspruch hatte darum der Mieter einen sachlichen Anspruch auf staatlichen Schutz der ihm zugedachten öffentlichen Fürsorge. Diesen Anspruch hätte er gegenüber einer Klage des Angeklagten aus dem Gesichtspunkt der Arglist einredeweise geltend machen können, ohne den Einwand befürchten zu müssen, es handle sich um eine Einrede aus dem Rechte eines Dritten, des Siedlungsamts. Für den Begriff der Einrede aus dem Rechte eines Dritten kommt

es nicht darauf an, in wessen Person das Gegenrecht entstanden ist, sondern nur darauf, ob es in einem so wesentlichen Zusammenhang mit dem Anspruch der Klage steht, daß es nach Inhalt und Bestimmung gerade dessen Geltendmachung dem Beklagten gegenüber abwenden kann. Auch aus dem Gesichtspunkt des Mietwuchers hätte sich der Mieter gegenüber der Forderung des Angeklagten auf den übertriebenen Mietzins verteidigen können; der dieser gesetzlichen Einrichtung innewohnende Gedanke und Zweck liegt auf dem gleichen Gebiet wie der mittels vertraglicher Auflage vom Siedlungsamt gegenüber dem Angeklagten verfolgte. War hiernach für den Mieter aus dem Darlehensvertrag zwischen dem Siedlungsamt und dem Angeklagten ein sowohl durch Vermittlung des Siedlungsamts wie unmittelbar gegenüber dem Angeklagten verfolgbarer Anspruch erwachsen, für die ihm überlassene Wohnung ohne Rücksicht auf deren tatsächlichen Wert nicht mehr als den behördlich festgesetzten Mietzins zu zahlen, so stellte sich darin ein zu seinem Vermögen gehöriges Schutzrecht dar; dieses hatte der Angeklagte verletzt. (III, 6. Juni 1932.) Amtl. Sammlg. S. 281—288.
Vgl. Bd. 51 S. 204, 209; Bd. 53 S. 327; Bd. 61 S. 346.

91. **Notwehr. Gegenwehr.** (StGB. § 53.) J. hatte T. angegriffen und ihm einen Stoß versetzt. S. sprang hinzu, um T. zu schützen, und kam mit J. in ein Geräufe; hiebei benutzte J. eine Stahlrute, S. einen Schlagring. J. wurde wegen Körperverletzung an T. und S. verurteilt. Seine Revision hatte Erfolg. S. hatte in Notwehr gehandelt, da zur Zeit seines Eingreifens der Angriff des Angeklagten gegen T. noch nicht beendigt war; es fragte sich aber, ob er nicht durch die Benutzung eines Schlagrings über das Maß des zur Abwehr erforderlichen hinausgegangen war. Auch wenn er hiebei in Bestürzung handelte, so war sein Vorgehen rechtswidrig und berechtigte den Angeklagten seinerseits zur Notwehr. Notwehr ist gegen Notwehr ausgeschlossen, gegen Notwehrüberschreitung aber zulässig. Die Sache wurde zurückverwiesen. (II, 20. Juni 1932.)

Amtl. Sammlg. S. 288—289.

92. **Untreue. Forderung. Verfügung. Kontokorrent.** (StGB. § 266; BGB. §§ 164, 181, 397; HGB. § 255.) Der Direktor einer städtischen Sparkasse hatte bei dieser

selbst ein Konto; dieses war erheblich überlastet. Als sich in einem Jahr Überschüsse angesammelt hatten, beschloß der Vorstand, daß diese auf dubiose Konten umgebucht werden sollten; die Ausführung des Beschlusses, insbesondere die Auswahl der Konten, wurde dem Direktor übertragen. Dieser buchte auf sein Konto einen Betrag von 4210 *RM*, so daß seine Schuld gegen die Sparkasse um diesen Betrag vermindert wurde. Er wurde wegen Untreue verurteilt. Das Reichsgericht bestätigte das Urteil, nahm aber gegen verschiedene Ausführungen des Berufungsurteils Stellung. Als dubios waren solche Konten anzusehen, die schon stillgelegt waren und bei denen in absehbarer Zeit keine Aussicht auf Abdeckung bestand. Die Umbuchung der Überschüsse auf solche Konten kam einem Erlaß der Schuld der Kontoinhaber in der Höhe des jeweils überschriebenen Betrags gleich. Diese Rechtswirkung war aber beim Angeklagten nicht eingetreten; weder nach seiner allgemeinen Stellung als Leiter der Sparkasse noch im Rahmen seiner besonderen Ermächtigung zur Vornahme der Umbuchungen konnte er durch einen Erlaßvertrag seine Schuld an die Sparkasse mit rechtlicher Wirkung vermindern. Mit dieser Maßnahme mißbrauchte er sowohl seine allgemeine wie seine besondere Vollmacht; da das dem Angeklagten bekannt war, konnte er schon aus diesem Grund sich nicht selbst durch ein Rechtsgeschäft zum Nachteil der von ihm vertretenen Sparkasse wirksam begünstigen. Auch wenn ihm gestattet war, Rechtsgeschäfte für die Sparkasse mit sich selbst vorzunehmen, konnte er das nur innerhalb der Grenzen seiner Vollmacht mit rechtlicher Wirkung tun. Demzufolge war durch die von ihm auf seinem Konto vorgenommene Umbuchung die Forderung der Sparkasse gegen ihn in ihrem rechtlichen Bestand nicht geändert worden. Der Begriff des Verfügens über Forderungen kann aber auch durch tatsächliche Einwirkungen erfüllt werden. Zwischen dem Angeklagten und der Sparkasse bestand ein Kontokorrentvertrag des Inhalts, daß die beiderseitigen Leistungen fortlaufend auf dem Konto eingetragen und in jedem Rechnungsabschnitt dergestalt zu einem Ganzen zusammengefaßt wurden, daß nach Abschluß eines solchen Rechnungsabschnitts die einzelnen Forderungen ihre Selbständigkeit einbüßten und daß als einziger Vermögensgegenstand der Saldoposten übrigblieb, wenn er von beiden Teilen ausdrücklich oder stillschweigend anerkannt war. Durch eine solche Anerkennung des Saldo würde die Umbuchung, die zunächst nur eine Verschleierung des Bestandes der Schuld des Angeklagten bewirkte, im weiteren Verlauf auch zu einer rechtlichen Wirkung auf den Bestand der Forderung der Sparkasse gegen den Angeklagten geführt haben, indem bei der Ziehung des Saldo der Betrag von 4210 *RM* zugunsten des Angeklagten eingerechnet worden wäre; in diesem Fall würde die Schuld des Angeklagten zu dem entsprechenden Betrag erloschen sein und nur die Möglichkeit der Anfechtung bestanden haben. Hierdurch war die Sparkasse benachteiligt. Der Senat hatte früher die Auffassung vertreten, daß nur Eingriffe rechtlicher Art den Begriff des Verfügens über Forderungen erfüllen; diese Auffassung gab er nunmehr auf. (II, 20. Juni 1932.) Amtl. Sammlg. S. 289—292.

Vgl. Bd. 61 S. 78; Bd. 62 S. 58, 130.

93. **Stellenvermittlung. Gewerbsmäßigkeit. Film.** (AVAVG. §§ 54, 253, 254; ArbNachwG. §§ 56, 57; Stell.-VermG. §§ 2, 12.) Eine Frau, die kaufmännisch unerfahrene Schauspieler in ihren geschäftlichen Angelegenheiten unterstützte, vermittelte wiederholt die Einstellung von Schauspielern bei Filmgesellschaften. In einem Fall verhalf sie einem in Not befindlichen Schauspieler zu einer Einstellung, indem sie sich bei einer Filmgesellschaft dafür einsetzte. Er erstattete ihr nachher ein Darlehen zurück, das sie ihm früher gegeben hatte und zahlte ihr außerdem eine Vergütung von 90 *RM*. In einem andern Fall machte sie eine junge Schauspielerin darauf aufmerksam, daß bei einer Filmgesellschaft noch eine Rolle frei sei und daß sie sich darum bewerben könne. Diese erhielt die Rolle und gab ihr nachher 16 *RM*. Das Vorliegen einer gewerbsmäßigen Stellenvermittlung (sei es nach dem Arbeitnachweisgesetz, sei es nach dem Gesetz über Arbeitsvermittlung) wurde verneint. Der zwischen einer Filmgesellschaft und einem Schauspieler abgeschlossene Vertrag, der die Darstellung einer Rolle bei der Aufführung eines Films zum Gegenstande hat, ist als Vertrag über eine Stelle, als Arbeitsvertrag anzusehen; die Angeklagte hatte im ersteren Falle die Vermittlung eines solchen Vertrags betrieben, im zweiten Falle die Gelegenheit zur Erlangung einer Stelle nachgewiesen. Es fehlte aber das Merkmal der

Gewerbsmäßigkeit, weil die Angeklagte nur aus Gefälligkeit, um den in Not gekommenen Schauspielern zu helfen, gehandelt hatte, also eine fortgesetzte (nicht nur zufällige, gelegentliche) Tätigkeit mit der Absicht auf Gewinn nicht vorlag. Die Auffassung, daß das Merkmal der Gewerbsmäßigkeit schon erfüllt sei, wenn die Handlung überhaupt innerhalb eines Gewerbebetriebs, sei es auch nur als Ausfluß einer sonstigen, auf fortgesetzten Erwerb gerichteten Tätigkeit vorgenommen wird, ohne daß im einzelnen Fall die Erzielung einer bestimmten Einnahme oder eine auf Gewinn gerichtete Absicht vorzuliegen brauchte, lehnte das Reichsgericht jedenfalls für das vorliegende Rechtsgebiet ab. Zum Begriff der gewerbsmäßigen Stellenvermittlung gehört in jedem Fall die Ausübung eines Gewerbes, das gerade die Stellenvermittlung zum Gegenstand hat und darauf abgestellt ist, diese Betätigung als eine wiederholte Einnahmequelle zu verwerten. Dazu gehört nicht, daß die Stellenvermittlung gerade den Hauptzweck des Gewerbebetriebs bildet; es genügt, wenn im Rahmen eines anderen Gewerbebetriebs die Stellenvermittlung nur nebenher ausgeübt wird; immer aber ist erforderlich, um die Stellenvermittlung im Rahmen dieses anderen Gewerbebetriebs selbst zu einer gewerbsmäßigen zu gestalten, daß die Vermittlungstätigkeit in Gewinnabsicht und mit dem Vorsatz erfolgt, sie in geeigneten Fällen auch in Zukunft zu wiederholen. Das war nicht nachgewiesen. Mit Strafe ist allerdings auch bedroht, wer eine nicht gewerbsmäßige Einrichtung zur Arbeitsvermittlung widerrechtlich unterhält, leitet oder Arbeitsvermittlung ausübt. Eine Einrichtung zur Arbeitsvermittlung war nicht gegeben; eine Ausübung der Arbeitsvermittlung liegt aber, wie der Zusammenhang der gesetzlichen Vorschriften ergibt, nur dann vor, wenn eine zwar nicht notwendig gewerbsmäßige, aber doch mindestens geschäftsmäßige Tätigkeit ausgeübt wird. Es ist selbstverständlich nicht beabsichtigt worden, es jedem unter Strafandrohung zu verbieten, aus Gefälligkeit gelegentlich einmal einem Arbeitsuchenden, vielleicht einem nahen Angehörigen, von einer freigewordenen Stelle zum Zwecke der Bewerbung Mitteilung zu machen. In einem weiteren Falle hatte ein Schauspieler mit einer Filmgesellschaft einen Vertrag abgeschlossen; da die Aufnahme des Films sich verzögerte, bemühte sich die Gesellschaft, ihn bei einer anderen Gesellschaft beschäftigen zu lassen, wozu sie nach dem Vertrag berechtigt war. Hiefür bediente sie sich der Vermittlung der Angeklagten. In diesem Fall lag eine Stellenvermittlung überhaupt nicht vor. Zum Begriff der Stellenvermittlung gehört die Betreibung der Vermittlung über eine Stelle zwischen Arbeitnehmer und Arbeitgeber; hier aber handelte es sich um einen Vertrag zwischen zwei Filmgesellschaften über die Beschäftigung eines Darstellers, der zur Erteilung der Zusicherung zu diesem Vertrag verpflichtet war. (II, 23. Juni 1932.)

Amtl. Sammlg. S. 293—298.

Vgl. Bd. 10 S. 401; Bd. 11 S. 333; Bd. 37 S. 369; Bd. 46 S. 327.

94. **Tabaksteuer. Wissentlich falsche Buchführung. Vermutungstatbestand. Urkundenfälschung. Beihilfe. Vorentscheidung.** (RAbgO. § 468; TabStG. §§ 40, 56, 58; RG. zur Änderung des TabStG. Art. VI Nr. 12.) Eine Frau war Inhaberin einer Tabakfabrik; betrieben wurde diese von ihrem Mann, dem insbesondere auch die Buchführung oblag. Dieser trug weniger Rohtabak ein, als wirklich eingegangen war; in zwei Fällen änderte er die Eintragungen, nachdem der Zollbeamte sie durch Beisetzung seiner Namensunterschrift als richtig anerkannt hatte, durch Radieren ab, so daß geringere Mengen als eingegangen erschienen. Der Reichsfinanzhof stellte fest, daß eine Steuerhinterziehung stattgefunden habe. Auf Grund dieser Feststellung verurteilte das Landgericht die Frau wegen Tabaksteuerhinterziehung, den Mann wegen Beihilfe dazu und wegen schwerer Urkundenfälschung. Die Revisionen der Angeklagten hatten Erfolg. Die Annahme des Landgerichts, es sei an die Entscheidung des Reichsfinanzhofs gebunden, traf schon deshalb nicht zu, weil die Verurteilung nicht wegen Steuerhinterziehung im eigentlichen Sinn, sondern auf Grund eines Vermutungstatbestandes ausgesprochen wurde; außerdem gilt die Bindung, da sie eine persönliche Steuerpflicht des Täters voraussetzt, nicht im Verfahren gegen den Gehilfen. Auch wenn eine Verurteilung wegen Steuerhinterziehung in Frage kam, bestand eine Bindung nur in der Frage, ob eine Steuerverkürzung eingetreten war; wegen des Maßes der Steuerverkürzung bestand sie nur, wenn und soweit auf eine Geld-

strafe zu erkennen war, die von dem Maße der Steuerverkürzung irgendwie abhing. Die Bindung an den Ausspruch über die Höhe der Steuerverkürzung schied hier schon deshalb aus, weil nur auf Freiheitsstrafen erkannt worden war. In der Feststellung der Handlung, durch die die Steuerverkürzung herbeigeführt worden ist, und der strafrechtlichen Schuld ist das Gericht auch gegenüber einer Entscheidung frei, die in diesem vorstehend erwähnten Sinn bindend ist. Schon aus diesem Grunde war die Aufhebung des angefochtenen Urteils, soweit die Steuerhinterziehung in Frage kam, geboten. Da bei der Frau nur bedingter Vorsatz der Falschbuchung als erwiesen angenommen wurde, war auch zu prüfen, ob das zur Verwirklichung des Tatbestandes des § 58 Nr. 2 TabStG. ausreichte. Nach dieser Vorschrift ist nur strafbar, wer die vorgeschriebenen Bücher wissentlich nicht richtig führt. Während in der älteren Gesetzgebung das Wort „wissentlich" vielfach gleichbedeutend mit „vorsätzlich" gebraucht wird, also den bedingten Vorsatz einschließt, wird es in neuerer Zeit ausschließlich zur Bezeichnung des bestimmten Vorsatzes verwendet. Die Entstehungsgeschichte der Vorschrift beweist aber, daß hier noch der ältere Sprachgebrauch festgehalten worden ist. Aus der Wichtigkeit, die der zutreffenden Einschreibung der steuerlich erheblichen Geschäftsvorgänge für die Sicherheit des Steuereingangs zukommt, ergibt sich die Vorschrift, daß bei Unterlassung der Buchführung oder bei falscher Eintragung eine vorsätzliche Steuerverkürzung ohne weiteres (vorbehaltlich der Möglichkeit der Entkräftung durch den Gegenbeweis) vermutet wird. Bei dieser Sachlage ist kein vernünftiger Grund dafür einzusehen, weshalb die Strafbarkeit falscher Buchführung für die Fälle beschränkt sein könnte, in denen der für die Buchführung Verantwortliche von der Unrichtigkeit bestimmte Kenntnis hat und nicht auch diejenigen falschen Buchungen umfassen sollte, bei denen er sich die Unrichtigkeit nur als möglich vorstellt (ohne sie sicher zu kennen), aber mit dieser Möglichkeit innerlich einverstanden ist. Nach dieser Richtung konnte also die Revision keinen Erfolg haben. Unrichtig war dagegen die Annahme der Strafkammer, daß nach §§ 56, 58 Nr. 2 TabStG. regelmäßig nur der steuerpflichtige Tabakverarbeiter wegen Steuerhinterziehung als Täter bestraft werden könne.

Weder die Verurteilung nach § 56 TabStG. noch die in den §§ 58, 59 TabStG. aufgestellten Rechtsvermutungen sind von einer persönlichen Steuerpflicht des Täters abhängig. Maßgebend für die Frage, ob Täterschaft oder unselbständige Teilnahme vorliegt, ist hier wie sonst im Strafrecht die Willensrichtung des Täters; es kommt darauf an, ob er die Tat als eigene gewollt hat oder ob er eine fremde Tat hat fördern wollen. Begrifflich ist Beihilfe auch zur Verwirklichung eines Vermutungstatbestandes möglich, falls die ihn darstellende Handlung vorsätzlich (wenn auch nicht nachweisbar mit Hinterziehungsvorsatz) begangen wird und auch der Gehilfe vorsätzlich handelt. Die Vermutung äußert Wirkungen nach zwei Richtungen: nach der äußeren Seite enthebt sie das Gericht der Prüfung, ob eine Steuerverkürzung eingetreten ist; nach der Schuldseite ersetzt sie den Nachweis des Vorsatzes der Steuerhinterziehung. Nach beiden Richtungen ist sie widerlegbar. Die Widerlegung der Vermutung ist nicht Sache des Angeklagten; ihm liegt keine Beweislast in dieser Richtung ob. Das Gericht hat vielmehr von Amts wegen zu prüfen, ob die Vermutung widerlegt werden kann. Die Angeklagten hatten behauptet, daß Tabak gestohlen worden sei. Der Inhaber eines Tabaksteuerlagers kann nicht gestraft werden, wenn nachgewiesen wird, daß die festgestellte Fehlmenge durch Diebstahl an den Lagerbeständen entstanden ist; das hat seinen Grund darin, daß nach § 58 Nr. 5 TabStG. nur bestraft werden kann, wer tabaksteuerpflichtige Waren in den freien Inlandsverkehr gebracht hat, also ein auf Verbringen in den freien Verkehr gerichtetes Handeln des Täters für den Tatbestand dieser Vermutung vorausgesetzt wird. Für den Vermutungstatbestand des § 58 Nr. 2 TabStG. hat aber dieser Gesichtspunkt keine Geltung. Diese Vorschrift begründet die Vermutung, daß derjenige, der die vorgeschriebenen Bücher wissentlich unrichtig geführt hat, vorsätzlich Tabaksteuer verkürzt habe, nicht aber die Vermutung, daß er diese Verkürzung durch Verbringen von Tabak in den freien Inlandsverkehr bewirkt habe. Wenn und soweit eine Steuerpflicht des Tabakverarbeiters auch dadurch entstehen kann, daß aus seinem Lager ohne seinen Willen Tabakwaren unversteuert in den freien Inlandsverkehr gebracht werden, kann diese Steuer selbstverständlich auch verkürzt werden; sie wird es in der Regel dann, wenn die Fehlmenge, die durch eine solche Verbringung in den Verkehr in den Lagerbeständen gegenüber den richtigen Einschreibungen entsteht, durch wissentlich unrichtige Buchführung verschleiert wird. Auch der Reichsfinanzhof hat die Frage in ständiger Rechtsprechung bejaht. Das Reichsgericht verneinte sie. Allerdings entsteht nach § 9 TabStG. der Steueranspruch, sobald die verpackten Erzeugnisse aus den Räumen des Herstellungsbetriebs in den freien Verkehr des Inlands übergehen; daß der Übergang sich mit dem Willen des Herstellers vollziehen müsse, ist aus dieser Fassung nicht zu entnehmen. Angesichts des befremdlichen Ergebnisses reicht aber die einfache Berufung auf den Wortlaut des Gesetzes nicht aus, um seinen Sinn zu ergründen. Aus der Entstehungsgeschichte des Gesetzes läßt sich allerdings für diese Frage nichts entnehmen; die Begründung zum Biersteuergesetz, das die Steuerpflicht eintreten läßt, sobald das Erzeugnis aus dem Herstellungsbetrieb entfernt wird, läßt aber erkennen, daß bei der Entfernung des Bieres an eine Übertragung für Rechnung des Brauers gedacht ist. Auch die Entstehungsgeschichte des Weinsteuergesetzes und des Mineralwassersteuergesetzes sprechen für diese Auffassung, ebenso die Bestimmungen des Süßstoffgesetzes, des Branntweinmonopolgesetzes und des Schaumweinsteuergesetzes. Kennzeichnend für die neue Entwicklung auf dem Gesamtgebiete der deutschen Verbrauchssteuergesetzgebung ist der Übergang zur Fabrikationssteuer; die Steuerpflicht ist überall an die Überführung in den freien Verkehr geknüpft; Steuerschuldner ist, wer die Waren in den freien Verkehr überführt. Die Steuerpflicht setzt also voraus, daß gerade der Steuerschuldner die Handlung vornimmt, welche die Steuerpflicht nach sich zieht. Es ist kein Grund ersichtlich, der den Gesetzgeber veranlaßt haben könnte, bei der Tabaksteuer die Steuerpflicht unabhängig von einer Handlung des Herstellers in dessen Person entstehen zu lassen. Dafür spricht auch die innere Gerechtigkeit dieser Regelung; es kann nicht angenommen werden, daß der Gesetzgeber dem Warenhersteller, dem gegen seinen Willen Ware entzogen, gestohlen, veruntreut oder unterschlagen wird, für diese Ware, für die er keinen Gegenwert erhält, auch noch die Steuer habe aufbürden wollen. Demnach war die Behauptung der Angeklagten, daß die festgestellte Fehlmenge auf Diebstähle zurückzuführen sei, in jedem Fall erheblich. Hinsichtlich der Urkundenfälschung kam in Frage, ob nicht Fälschung einer öffentlichen Urkunde anzunehmen war; das traf zu, wenn der Vermerk des Zollbeamten dazu bestimmt war, den Prüfungsbefund amtlich zu beglaubigen. Das Landgericht hatte ein Gebrauchmachen von der verfälschten Urkunde darin gefunden, daß das verfälschte Buch sich in der Fabrik befand, dort jederzeit von dem Zollbeamten eingesehen werden konnte und auch tatsächlich eingesehen wurde. Damit war aber noch nicht festgestellt, daß das Buch nach Vornahme der Verfälschung mit Willen des Angeklagten einem Zollbeamten vorgelegt wurde. Das bloße Niederlegen des Buches in den Fabrikräumen, damit der Zollbeamte, falls er es verlange, Einsicht nehmen könne, reichte nicht aus zur Begründung der Annahme, daß von dem Buch zum Zwecke der Täuschung Gebrauch gemacht wurde; dazu gehört in jedem Fall, daß die Urkunde in den Machtbereich des zu Täuschenden gebracht wird, so daß er von dem Inhalt ohne weiteres Kenntnis nehmen kann. Diesem Erfordernis kann allerdings auch genügt sein, wenn die Urkunde zur Kenntnisnahme des zu Täuschenden bereitgelegt wird, ohne ihm unmittelbar übergeben zu werden; immer aber muß ihm ohne weiteres der Zugriff in der Urkunde offenstehen. An einer solchen unmittelbaren Befugnis zur Verfügung über die verfälschte Urkunde fehlte es in diesem Fall. Das Tabaksteuergesetz begründet nur eine Pflicht des Betriebsinhabers zur Vorlegung der Bücher, der nötigenfalls durch Zwang verwirklicht werden kann, aber kein unmittelbares Herrschaftsverhältnis der Behörde über die Bücher. Da es sich bei den Radierungen, in denen die Urkundenfälschung erblickt wurde, um die falschen Buchungen handelte, die zur Verurteilung wegen Steuerhinterziehung geführt hatten, war Tateinheit anzunehmen. Für die neue Verhandlung wies das Reichsgericht darauf hin, daß eine und dieselbe Handlung begrifflich nicht zugleich Täterschaft und Beihilfe sein kann, daß es also nicht möglich war, den Mann wegen Beihilfe zur Tabaksteuerhinterziehung in Tateinheit mit einer in eigener Täterschaft begangenen Urkundenfälschung zu verurteilen. (III, 23. Juni 1932.)

Amtl. Sammlg. S. 299—314.

Vgl. Bd. 40 S. 253; Bd. 56 S. 16, 405; Bd. 57 S. 212, 376; Bd. 58 S. 382; Bd. 59 S. 258; Bd. 60 S. 117; Bd. 61 S. 371; Bd. 62 S. 101, 175, 322; Bd. 64 S. 394; Bd. 65 S. 47, 71, 115; RFH. Bd. 3 S. 314; Bd. 8 S. 200; Bd. 9 S. 283; Bd. 11 S. 79; Bd. 16 S. 156; Bd. 17 S. 291.

95. Verbrauch der Strafklage. Verweisung. (StPO. § 328.) Wegen fortgesetzter übler Nachrede hatte das Schöffengericht verurteilt. Das Berufungsgericht fand, daß die Strafklage durch ein Urteil des Reichsgerichts, durch das der Angeklagte wegen fortgesetzten Hochverrats verurteilt worden war, verbraucht worden sei, und stellte das Verfahren ein. Die Revision des Staatsanwalts wurde damit begründet, daß das Berufungsgericht die Sache an das Reichsgericht hätte verweisen müssen. Sie hatte keinen Erfolg. Allerdings hätte das Berufungsgericht den Angeklagten wegen Hochverrats weder verurteilen noch freisprechen dürfen; die Entscheidung ging aber nicht dahin, daß er sich des Hochverrats schuldig gemacht habe, sondern dahin, daß er wegen der unter Anklage stehenden Taten schon abgeurteilt worden sei. Der Verbrauch der Strafklage hindert jede weitere Verfolgung, also auch die Verweisung an das an sich zuständige Gericht, die auch der weiteren Strafverfolgung dient. (III, 23. Juni 1932.)

Amtl. Sammlg. S. 314—316.

96. Parteiverrat. Begünstigung. Verteidiger. Gleichheit der Rechtssachen. (StGB. § 356.) Gegen die Eheleute T. wurde Räumungsklage erhoben mit der Begründung, daß Frau T. in der Wohnung Unzucht getrieben habe. Sie bestellt den Rechtsanwalt E. als ihren Vertreter. Als Zeuge wurde H. vernommen; dieser hatte mit Frau T. geschlechtlich verkehrt, aber nicht in deren Wohnung. Er stellte das auf Eid in Abrede. Nachher offenbarte er E. die Unwahrheit seiner Aussage. Dieser klärte ihn darüber auf, daß ein Meineid vorliege, daß er aber durch Widerruf seiner Aussage sich Strafermäßigung sichern könne. Da H. nicht sofort widerrufen wollte, versprach er ihm, ihn zu verständigen, wann es dafür Zeit sei. K., ein Bruder der Frau T., war als Zeuge eidlich vernommen worden; er wurde wegen Meineids verhaftet und bestellte E. als seinen Verteidiger. H. wurde in der Voruntersuchung uneidlich als Zeuge vernommen und stellte neuerdings den Geschlechtsverkehr mit Frau T. in Abrede. E. beantragte seine Ladung zur Hauptverhandlung. Als H. ihm hiewegen Vorwürfe machte, versprach er ihm, ihn nicht über seine Beziehungen zu Frau T. zu befragen. Eine neuerliche Unterredung lehnte E. ab mit der Begründung, daß er Verteidiger des K. sei. In einer anderen Verhandlung gab H. zu, in der Räumungsklage einen Meineid geschworen zu haben; darauf zog E. seinen Antrag, ihn für die Hauptverhandlung gegen K. als Zeugen zu laden, zurück. Er wurde wegen Parteiverrats und Begünstigung angeklagt; die Strafkammer sprach ihn von der Anklage wegen Parteiverrats frei, verurteilte ihn aber wegen Begünstigung. Sowohl seine Revision sowie jene des Staatsanwalts wurde verworfen. Nicht jede Verletzung der Treupflicht eines Anwalts, mag sie auch darin bestehen, daß er in verwerflicher Weise das Interesse seines Auftraggebers hinter das anderer Personen zurückstellt, ist mit Strafe bedroht; vielmehr ist eine solche nur für den Fall vorgesehen, daß ein Anwalt in derselben Rechtssache beiden Parteien dient. Als Rechtssache kann jede rechtliche Angelegenheit in Betracht kommen, bei der mehrere Personen mit widerstreitenden rechtlichen Interessen beteiligt sind; insbesondere sind die Begriffe Rechtssache und Parteien nicht auf den Zivilprozeß beschränkt. Der Tatbestand der Strafvorschrift kann auch in Fällen erfüllt sein, in denen zwischen mehreren Personen mit widerstreitenden Interessen ein Streitpunkt noch gar nicht hervorgetreten ist, in denen sie selbst einander nicht kennen und von dem Widerstreit ihrer Interessen nichts wissen; doch sind unter Parteien nur Personen zu verstehen, die in derselben Rechtssache mit widerstreitenden Interessen rechtlicher Art beteiligt sind, so daß beide sich als streitende Teile in einem Verfahren denken lassen. Daß eine Person an einem bestimmten Verlauf einer Rechtssache ein rein tatsächliches Interesse hat, macht sie nicht zur Partei. An der Räumungsklage war H. ganz unbeteiligt. Er wurde daran auch nicht dadurch beteiligt, daß er als Zeuge vernommen wurde und einen Meineid leistete, der übrigens die Räumungsklage gar nicht berührte. Mochte auch infolge des von ihm geleisteten Meineids der weitere Verlauf dieses Rechtsstreits für ihn gefährlich werden können, so bedeutete das noch nicht, daß ein Parteigegensatz, ein Widerstreit rechtlicher Interessen zwischen ihm und den Eheleuten T., entstand. Demzufolge diente der Angeklagte nicht zwei Parteien in derselben Rechtssache, indem er den ihm von H. erteilten Auftrag übernahm. Der Auftrag hatte den Inhalt, H. zu raten, wie für ihn aus dem Meineid möglichst keine oder doch möglichst geringe nachteilige Folgen erwüchsen, und ihn demgemäß zu benachrichtigen, wann es an der Zeit wäre, sich durch Widerruf Strafmilderung zu sichern. An dieser Frage waren die Eheleute T. nur insoferne beteiligt, als der Widerruf ihnen möglicherweise Nachteil bringen konnte, indem er dem für sie günstigen Zeugnis des H. seinen Beweiswert ganz oder teilweise nahm. Dieser Gegensatz der Interessen machte aber die Eheleute T. und H. nicht zu Parteien; es fehlte jede rechtliche Beziehung, kraft deren sich beide insoweit als streitende Teile in einem Verfahren denken ließen. Dadurch, daß der Angeklagte in dem Verfahren gegen K. die Vernehmung des H. als Zeugen beantragte, verletzte er seine Treupflicht gegen H., indem er diesen in die Zwangslage versetzte, entweder erneut die Unwahrheit zu sagen (was er auch bei seiner uneidlichen Vernehmung vor dem Untersuchungsrichter tat) oder sich des Meineids zu bezichtigen. Der Verteidigung des K. war dieser Antrag allerdings dienlich. Aber auch der so geschaffene Interessengegensatz zwischen H. und K. war nur tatsächlicher Art; die beiden Auftraggeber standen sich nicht als Parteien in derselben Rechtssache gegenüber. Die Verurteilung des Angeklagten wegen Begünstigung wurde vom Reichsgericht gebilligt. Eine solche liegt schon vor, wenn der Versuch gemacht wird, einem Strafverfahren eine falsche Richtung zu geben und es zu einem unrichtigen, dem Täter günstigen Ergebnis zu führen. Das tat der Angeklagte, indem er, um einen Freispruch des von ihm verteidigten K. (der ihm seine Schuld bekannt hatte) zu erzielen, sich auf einen Zeugen berief, von dem er wußte, daß er eine falsche Aussage gemacht hatte und von dem er annahm, daß er diese falsche Aussage wiederholen werde. Eine solche Trübung einer Beweisquelle erfüllt den Tatbestand der Begünstigung. Dieser Tatbestand, der ein rechtswidriges Handeln voraussetzt, entfällt allerdings, wenn dem Handelnden eine im öffentlichen Rechte wurzelnde Befugnis zu seinem Tun zur Seite steht. Dem Verteidiger ist in weitem Umfang das Recht zuzugestehen, sich für die Freisprechung seines Auftraggebers auch dann einzusetzen, wenn er von dessen Schuld überzeugt ist; er darf darum, auch wenn ein Angeklagter ihm ein Geständnis abgelegt hat, dessen Schuld bestreiten und ausführen, daß ein voller Schuldbeweis nicht erbracht sei. In dem Verhalten des Angeklagten lag aber etwas ganz anderes, nämlich eine bewußte Verdunkelung des Tatbestandes zugunsten des von ihm verteidigten K.; zu einer solchen Handlung darf ein Rechtsanwalt auch als Verteidiger niemals die Hand bieten. (I, 1. Juli 1932.)

Amtl. Sammlg. S. 316—326.

Vgl. Bd. 35 S. 128; Bd. 50 S. 364; Bd. 62 S. 289.

97. Zurückverweisung. Vorläufige Einstellung. (St.-PO. §§ 154, 305, 336, 354, 358.) Ein Urteil, das den Angeklagten zum Teil verurteilte, zum Teil freisprach, wurde hinsichtlich einzelner Straftaten samt den zugrunde liegenden Feststellungen und hinsichtlich der Gesamtstrafe aufgehoben; in diesem Umfang wurde die Sache zur anderweitigen Verhandlung und Entscheidung an das Berufungsgericht zurückverwiesen. Dieses stellte nun hinsichtlich der zurückverwiesenen Sache das Verfahren vorläufig ein und führte die in den übrigen Fällen rechtskräftig ausgesprochenen Strafen auf eine Gesamtstrafe zurück. Die Revision wurde für unzulässig erklärt. Der Beschluß über die vorläufige Einstellung war keine Entscheidung, die der Urteilsfällung vorausging, sondern eine Entscheidung, die die Durchführung des Verfahrens bis zum Urteil hinderte; er konnte darum nicht mit dem gegen das Urteil zulässigen Rechtsmittel, sondern, wenn überhaupt, nur mit Beschwerde angefochten werden. Das Urteil beruhte auch nicht auf diesem Beschluß. Es lag aber auch kein Rechtsverstoß vor. Ist eine Sache an das Berufungsgericht zurückverwiesen, so richtet sich das weitere Verfahren (unbeschadet der Vorschrift, wonach das Berufungsgericht an die rechtliche Beurteilung des Revisionsgerichts gebunden ist), lediglich nach den für das Berufungsverfahren gültigen Vorschriften. Das Reichsgericht kann allerdings nicht auf vorläufige Einstellung erkennen, weil die Natur des Rechtsmittels dem entgegensteht; der Hinderungsgrund fällt aber weg, sobald die Sache wieder an das Berufungsgericht zurückkehrt. So besteht ja auch kein Zweifel darüber, daß das Berufungsgericht durch den Wortlaut des Zurückverweisungsbeschlusses nicht gehindert wird, das Verfahren wegen Verjährung oder Amnestie außerhalb der Hauptverhandlung durch Beschluß einzustellen. Eine anderweite Verhandlung und Urteilsentscheidung ist nur insoweit erforderlich, als nicht auf Grund sonstiger Vorschriften von der Erlassung des Urteils abgesehen werden kann. (III, 4. Juli 1932.)

Amtl. Sammlg. S. 326—327.
Vgl. Bd. 43 S. 179; Bd. 53 S. 52, 249, 276.

98. **Verjährung. Preßvergehen. Innehaltung.** (StGB. §§ 69, 186, 191; StPO. § 160.) In einer Zeitung wurden einem Beamten strafbare Handlungen nachgesagt. Er stellte Strafantrag. Die Staatsanwaltschaft leitete ein Ermittlungsverfahren ein; während dessen Dauer wurde mit dem Verfahren gegen den beschuldigten Schriftleiter innegehalten. Gegen seine Verurteilung wendete er ein, daß die Strafverfolgung verjährt gewesen sei. Seine Revision hatte Erfolg. Die Verjährung ruht während der Zeit, in der auf Grund gesetzlicher Vorschrift die Strafverfolgung nicht begonnen oder nicht fortgesetzt werden kann, ebenso, wenn der Beginn oder die Fortsetzung eines Strafverfahrens von einer Vorfrage abhängt, die in einem anderen Verfahren zu entscheiden ist, bis zu dessen Beendigung. Keine dieser Voraussetzungen traf hier zu. Ist der Vorwurf einer strafbaren Handlung aufgestellt oder verbreitet, so ist bis zu dem Beschluß, daß die Einleitung der Untersuchung nicht stattfand, oder bis zur Beendigung der Untersuchung mit dem Verfahren und der Entscheidung über die Beleidigung innezuhalten, wenn wegen dieser strafbaren Handlung zum Zwecke der Herbeiführung einer Strafverfolgung bei der Behörde eine Anzeige gemacht ist. Im vorliegenden Fall war von keiner Seite eine Anzeige gemacht worden, vielmehr hatte die Staatsanwaltschaft das Verfahren von Amts wegen eingeleitet; es bestand also keine rechtliche Notwendigkeit, mit dem Verfahren und der Entscheidung über die Beleidigung bis zur Beendigung des Ermittlungsverfahrens innezuhalten. (II, 4. Juli 1932.)

Amtl. Sammlg. S. 328—329.
Vgl. Bd. 59 S. 197.

99. **Kraftfahrzeugverkehr. Kreuzung. Vorfahrtrecht.** (KraftFahrzVO. §§ 4, 7, 19, 24, 26.) Eine Allee war durch einen Bahnkörper der Straßenbahn in zwei Fahrdämme geteilt, die im Richtungsverkehr zu befahren waren. Ein Kraftwagenführer steuerte seinen Wagen auf dem rechten Fahrdamm und wollte von da, den Straßenbahnkörper und den anderen Fahrdamm kreuzend, in eine links davon abgehende Straße einfahren. Er zog etwa 60 m vor dem Übergang den linken Winker, verlangsamte seine Geschwindigkeit auf Schrittgeschwindigkeit und bog so nach links ab, hielt aber auf dem nächsten Schienenpaar, weil auf dem anderen eine Straßenbahn stand. In dieser Lage wurde sein Wagen von einem anderen Straßenbahnzug erfaßt, den er nicht hatte herankommen sehen. Der Zusammenstoß führte zu einer körperlichen Verletzung eines Fahrgastes der Straßenbahn. Die Verurteilung des Kraftwagenführers wegen fahrlässiger Körperverletzung wurde bestätigt. Der Angeklagte hatte, ehe er auf den Straßenbahnkörper einbog, durch das kleine Rückfenster seines Wagens geblickt, die herannahende Straßenbahn aber nicht gesehen. Bei Anwendung der nötigen Aufmerksamkeit und Vorsicht wäre ihm das nicht entgangen; er hätte, wenn er keinen Rückspiegel hatte, durch Öffnen des Seitenfensters und Hinaussehen sich davon überzeugen müssen, ob nicht von rückwärts eine Straßenbahn im Anfahren begriffen war. Da er die Straßenbahn aus Fahrlässigkeit nicht sah, war sein weiteres Verhalten so zu beurteilen, als ob er sie gesehen hätte. Demgemäß lag eine Fahrlässigkeit schon darin, daß er auf das Gleis der Straßenbahn fuhr. Unrichtig war allerdings die Auffassung des Berufungsgerichts, daß ein Kraftwagen, der in einen Seitenweg einbiegen will, ebenso zu behandeln ist, wie ein Kraftwagen, der aus einem Seitenweg kommt. Diese Auffassung würde den Verkehrsbedürfnissen nicht Rechnung tragen. Die notwendige Folge wäre, daß der Kraftfahrer, der von einem Seitenweg nach einem Hauptweg einbiegt, gegenüber dem auf dem Seitenweg weiterfahrenden, seine Fahrbahn kreuzenden anderen Fahrzeug die Vorfahrt hätte. Auf die Verkehrsbedeutung der Wege kommt es in einem solchen Falle überhaupt nicht an. Will ein Kraftwagenführer, zunächst wider Erwartung der anderen Wegbenutzer, seine bisherige Richtung ändern und

den auf derselben Straße fortlaufenden Verkehr unterbrechen und durchkreuzen, so verlangt das Verkehrsbedürfnis, ihm, nicht den Wegbenutzern, welche die bisherige Richtung beibehalten, die erhöhte Vorsicht aufzuerlegen, gleichgültig, ob er von rechts oder links kommt und was er weiter beabsichtigt. Der Angeklagte handelte also fahrlässig, indem er vor der ankommenden Straßenbahn auf den Überweg fuhr. Daß er gezwungen war, auf dem Überweg zu halten, machte nichts aus; die Gefahr des Zusammenstoßes wurde nicht erst durch Anhalten begründet, bestand vielmehr schon, als er mit dem Einbiegen begann, weil die Straßenbahn nur ungefähr 10 m entfernt war und sich in ungehemmter Fahrt befand. Kraftfahrzeuge, die sich auf Schienengleisen befinden, haben diese bei Annäherung von Schienenfahrzeugen unverzüglich zu räumen. Hienach hätte der Angeklagte das Gleis räumen müssen, wenn sich sein Wagen dort schon befunden hätte, als die Straßenbahn herankam; daraus ergibt sich zugleich, daß er den Zustand, den er, falls er bestanden hätte, sofort hätte beseitigen müssen, nicht erst schaffen durfte. (II, 4. Juli 1932.) Amtl. Sammlg. S. 329—333.

100. Hehlerei. Gewerbsmäßigkeit. Rückfall. Tateinheit. Gesetzeseinheit. (StGB. §§ 73, 259, 260, 261.) Gewerbsmäßige Hehlerei ist mit Zuchthaus bis zu 10 Jahren bedroht (StGB. § 260). Hehlerei im Rückfall ist mit Zuchthaus von 2—15 Jahren bedroht, wenn sie sich auf Raub, ein dem Raub gleichstehendes Verbrechen oder schweren Diebstahl bezieht; bei mildernden Umständen tritt Gefängnisstrafe nicht unter einem Jahr ein (StGB. § 261 Abs. 1). Bezieht sich die Hehlerei auf eine andere strafbare Handlung, so ist auf Zuchthaus bis zu 10 Jahren zu erkennen; bei mildernden Umständen tritt Gefängnisstrafe nicht unter drei Monaten ein (StGB. § 261 Abs. 2). Über das Verhältnis dieser Vorschriften zueinander entschied das Reichsgericht: Die Frage ist nicht dahin zu stellen, ob auf den Tatbestand der einfachen Hehlerei zugleich die Straferhöhungsvorschriften der §§ 260, 261 Anwendung zu finden haben, vielmehr dahin, ob die straferhöhende Bestimmung des § 261 StGB. nicht nur auf den Tatbestand der einfachen Hehlerei nach § 259, sondern auch auf den besonderen strafrechtlichen Tatbestand der gewerbs- oder gewohnheitsmäßigen Hehlerei nach § 260 anzuwenden ist. Diese Frage ist zu bejahen, weil § 261 eine härtere Strafe zuläßt als § 260. Es kann nicht der Sinn des Gesetzes sein, gegen denjenigen, der der einfachen Hehlerei im Rückfall schuldig ist, eine härtere Strafe anzudrohen als gegen denjenigen, der, gleichfalls unter den Rückfallvoraussetzungen, sich einer gewerbs- oder gewohnheitsmäßigen Hehlerei schuldig gemacht hat. Wenn der Gesetzgeber eine strafbare Handlung unter den Voraussetzungen des Rückfalls mit einer besonderen Strafe bedroht, verfolgt er damit den Zweck, die ordentliche Strafe zu verschärfen; es wäre deshalb sinnwidrig und mit dem Zweck des Gesetzes unvereinbar, die Rückfallvoraussetzungen zu einer Strafermäßigung zu benutzen. Die ordentliche Strafe des § 261 Abs. 2 beträgt ebensoviel wie die Strafe des § 260; hier kommt der Strafdrohung des § 261 Abs. 2, da insoweit auch unter den Voraussetzungen des Rückfalls die Strafe des § 260 nicht erhöht werden kann, keine besondere Bedeutung zu. Die Strafe des § 261 Abs. 2 ist anderseits milder als jene des § 260, da sie für den Fall mildernder Umstände Gefängnis zuläßt; zu einer solchen Strafermäßigung kann aber das Vorliegen der Rückfallsvoraussetzungen begrifflich nicht verwendet werden. Im Fall des § 261 Abs. 1 ist die Strafdrohung schwerer als jene des § 260, dagegen ist die Mindeststrafe in § 260 schwerer als jene in § 261 Abs. 1 bei Vorliegen mildernder Umstände, die § 260 nicht kennt. Ist also eine gewerbsmäßige Hehlerei nach § 260 unter den Voraussetzungen des Rückfalls nach § 261 begangen, so sind die Strafdrohungen dahin zu vereinigen, daß im Fall des § 261 Abs. 1 auf Zuchthaus von 1—15 Jahren, im Falle des § 261 Abs. 2 auf Zuchthaus von 1—10 Jahren zu erkennen ist; die Frage, aus welcher der beiden Strafvorschriften die Strafe zu entnehmen ist, ist demgemäß — anders als im Falle des § 73 StGB. — gar nicht aufzuwerfen. Ob das Rechtsverhältnis als Gesetzeseinheit oder Alternativität oder als Subsidiarität zu bezeichnen ist, blieb dahingestellt. (II, 4. Juli 1932.)

Amtl. Sammlg. S. 333—337.

101. Betrug. Vermögen. Wert. Großhandelspreis. (StGB. § 263.) Der Besitzer eines Kraftwagens bestimmte die Zweigstelle einer Fabrik von Kraftwagenzubehör durch die falsche Vorspiegelung, er kaufe als Angestellter einer mit solchen Waren handelnden Firma, ihm solche Gegenstände, die er für seinen Kraftwagen brauchte, zum Erzeugerpreis abzulassen. Seine Verurteilung wegen Betrugs wurde bestätigt. Die Strafvorschrift für Betrug will verhüten, daß Güterverschiebungen durch Täuschung veranlaßt werden. Der dabei in Betracht kommende Begriff Vermögen ist wesentlich wirtschaftlicher Art und nicht an die durch das Privatrecht gezogenen Grenzen gebunden. Handelt es sich bei dem durch die Täuschung veranlaßten Vorgang um den Austausch von Leistungen auf Grund eines Kaufvertrags, so sind die Vermögenswerte dieser Leistungen miteinander zu vergleichen. Der Wert einer Sache ist etwas Objektives, Tatsächliches. Seine Bestimmung kann zwar je nach dem der Bewertung zugrundegelegten Maßstab verschieden ausfallen, so daß im Einzelfall sich der Gebrauchswert, der Verkaufswert, der Liebhaberwert usw. nicht zu decken brauchen. Nicht angängig aber ist es, der Beurteilung eines gegebenen Rechtsverhältnisses beliebig den einen oder anderen Wertmaßstab unterzulegen. Steht der Wert einer Handelsware in Frage, die der Täter durch betrügerische Herbeiführung ihres Verkaufs erlangt hat, so kommt regelmäßig der gemeine Handelswert, also der Börsenpreis, Marktpreis, Ladenpreis in Betracht, aus dessen Gleichmäßigkeit sich der im freien Verkehr herausgebildete gemeine Maßstab ergibt. Ob der Groß- oder der Kleinhandelspreis anzulegen ist, bestimmt sich nach der Lage des einzelnen Falles, insbesondere nach der Stufe der Güterverteilung, in deren Rahmen das Geschäft fällt. Bei dem Großhandelspreis fallen die Gestehungskosten weg, die infolge der Einschaltung der letzten Verteilungsstufe beim Kleinhändler auf die Ware aufzuschlagen sind; anderseits rechnet er mit Umsätzen von erheblich größerem Umfang als der stückweise absetzende Kleinhandel. Das führt aber keineswegs zu dem Schluß, daß der Gegenstand in der Hand des Großhändlers stets nur einen dem Großhandelspreis entsprechenden Vermögenswert darstelle. Entscheidend für die Frage der Wertverschiebung, also der Vermögensbeschädigung, ist allein der gemeine Handelswert der Ware. Als solcher kommt der Großhandelspreis in Frage, wenn Verkäufe auf dem Gebiete des Großhandels, dagegen der Ladenpreis, wenn Verkäufe auf dem Gebiete des Kleinhandels abzuschließen sind. Da der Angeklagte als Verbraucher kaufte, hatte er den Ladenpreis zu zahlen. Indem der Verkäufer einen durch das Wesen des Kaufvertrags nicht gerechtfertigten geringeren Preis ansetzte, wurde er in seinem Vermögen beschädigt. (III, 7. Juli 1932.) Amtl. Sammlg. S. 337—339.

102. Forstwiderstand. Rechtmäßige Amtsausübung. Notwehr. Nothilfe. (StGB. §§ 53, 117.) Ein in einem Wald gelegener Platz wurde an einen Verein verpachtet. Gelegentlich einer Feierlichkeit entstand dort eine Rauferei. Der Förster, der im Wald den Forstschutz auszuüben hatte, wies einen der Streitenden vom Platze und versuchte, ihn wegzuschieben; dieser versetzte ihm einen Stoß auf die Brust; ein anderer schlug mit einem Schlagring auf ihn ein. Beide wurden wegen Widerstands, der zweite Angeklagte auch wegen verbotenen Waffenführens verurteilt. Das Reichsgericht verwies die Sache zurück. Von Widerstand gegen einen Forst- oder Jagdbeamten kann nur gesprochen werden, wenn er innerhalb des Bereichs seiner sachlichen und örtlichen Zuständigkeit in der Ausübung des Forst- oder Jagdschutzes tätig wird. Das war hier nicht der Fall. Auch wenn der Förster Hilfsbeamter der Staatsanwaltschaft war, beschränkte sich seine sachliche Zuständigkeit in diesem Amte auf den Bereich seines Hauptamtes. Sein Vorbringen, daß er gefürchtet habe, durch brennende Zigaretten könne der Wald gefährdet werden, rechtfertigte sein Einschreiten nicht, da nicht dargetan war, daß die Personen, gegen die er sich wandte, durch ihr Verhalten zu dieser Gefährdung beitrugen. Auch sonst war nicht zu ersehen, inwieferne sein Vorgehen dem Forst- oder Jagdschutz gedient haben sollte. War aber sein Vorgehen nicht rechtmäßig, so kam bei den Angeklagten Notwehr und Nothilfe in Betracht. Gegen die Verurteilung des zweiten Angeklagten wegen Waffenführens bestand kein Bedenken, insoweit eine selbständige, mit der unter dem Gesichtspunkt des Widerstands gewürdigten Tat nicht zusammenfallende Handlung vorlag. (III, 7. Juni 1932.)

Amtl. Sammlg. S. 339—341.

Vgl. Bd. 23 S. 357; Bd. 59 S. 359.

103. Branntweinmonopol. Mindestpreis. Gestehungskosten. Trinkbranntwein. Einziehung. Irrtum. (StGB. § 59; RAbgO. §§ 393, 395, 414; BranntwMonG. §§ 79,

88, 106, 129, 144; BranntwVerwVO. § 131 a, 131 b.) Der Inhaber einer Branntweinfabrik verkaufte eine große Menge Branntwein an eine G. m. b. H. Er wurde angeklagt, den zulässigen Mindestverkaufspreis unterschritten zu haben; auch die Käuferin wurde unter Anklage gestellt. Das Schöffengericht erkannte auf Freisprechung, weil mehrere Sachverständige erklärt hatten, der Verkauf sei für den Verkäufer ein gutes Geschäft gewesen. Darauf kam es aber nicht an. Bei sinkender Preisbewegung oder dringendem Geldbedarf kann ein rascher Verkauf ohne jeden Nutzen, ja sogar unter den Selbstkosten, noch wirtschaftlich vorteilhaft und ein gutes Geschäft sein, aber doch den monopolgesetzlichen Mindestpreisvorschriften nicht entsprechen. Nach diesen darf Branntwein nicht zu einem Preis angeboten, gehandelt oder erworben werden, der niedriger ist als der regelmäßige Kaufpreis. Als Branntwein sind unverarbeiteter Branntwein und Trinkbranntweinerzeugnisse jeder Art zu verstehen. Dazu gehören auch Destillate, die nur verdünnt getrunken werden (Essenzen). Maßgebend ist der regelmäßige Verkaufpreis, der an dem Tag gilt, an dem der Branntwein angeboten, gehandelt oder erworben wird, gleichviel, ob der Besitzer der Brennerei etwa aus irgendeinem Grunde einen Nachlaß am Branntweinaufschlag erhalten hat und gleichviel, ob der regelmäßige Verkaufpreis und der sich darnach bestimmende Branntweinaufschlag an dem Tag der Herstellung des Branntweins geringer gewesen ist. Der Grundsatz der kaufmännischen Preisberechnung ist durch diese Vorschrift durchbrochen. Je nach Beschaffenheit und Ausstattung des Branntweins und nach den Lieferungsbedingungen erhöhen sich diese Preise auf einen Betrag, der die Gestehungskosten für Branntwein gleicher oder ähnlicher Beschaffenheit und Ausstattung unter denselben Lieferungsbedingungen deckt und einen angemessenen Nutzen einschließt. Die Gestehungskosten setzen sich für einen Lieferer, der zugleich Hersteller ist, zusammen aus den Herstellungskosten und den anteiligen allgemeinen Geschäftsunkosten. Zu den Gestehungskosten gehören insbesondere auch Zinsen und Schwund, die gerade bei Weinbrand, der eine längere Lagerung in Eichenfässern erfordert, nicht unberücksichtigt bleiben dürfen. Für die neue Verhandlung bemerkte das Reichsgericht: Die Einziehung nach

§ 129 BranntwMonG. setzt weder eine Bestrafung des Täters noch eine Fahrlässigkeit eines bei der Preisvereinbarung Beteiligten voraus; sie bezweckt, Branntwein gewisser Art unter allen Umständen aus dem Verkehr zu entfernen; es ist ohne Belang, wem die Gegenstände gehören und ob gegen eine bestimmte Person ein Strafverfahren eingeleitet wird. Die Bestrafung einer natürlichen Person aus § 144 BranntwMonG. ist schon dann möglich, wenn der äußere Tatbestand einer Zuwiderhandlung gegen die Vorschriften des ersten und vierten Teils des Gesetzes oder gegen die dazu ergangenen und öffentlichen oder den Beteiligten besonders bekanntgemachten Verwaltungsbestimmungen feststeht; es ist also nicht der ausdrückliche Nachweis eines Verschuldens erforderlich, weil dieses vermutet wird. Wird jedoch ein Strafausschließungsgrund im weiteren Sinne, also auch ein unverschuldeter Irrtum über Tatumstände nach § 59 StGB. für erwiesen (nicht nur für möglich oder wahrscheinlich) erachtet, so ist die Bestrafung ausgeschlossen; auch ein nachgewiesener unverschuldeter Rechtsirrtum nach § 147 BranntwMonG., § 395 RAbgO. macht straffrei. Wird eine juristische Person nach § 144 BranntwMonG. verfolgt, so ist, da es auf ein Verschulden einer natürlichen Person hiebei nicht ankommt, eine Berufung auf unverschuldeten tatsächlichen oder rechtlichen Irrtum nicht zulässig. (III, 11. Juli 1932.)

Amtl. Sammlg. S. 341—346.

Vgl. Bd. 61 S. 81; Bd. 64 S. 25.

104. Tateinheit. Tatmehrheit. Nebenklage. Auslieferung. Spezialität. Verfahrensbeschwerde. (StGB. §§ 73, 74, 123, 212; StPO. §§ 264, 336, 337, 374, 395.) Wegen Totschlags wurde von Österreich eine Auslieferung bewilligt. Der Vater des Getöteten beantragte seine Zulassung als Nebenkläger mit Rücksicht auf den mit dem Totschlag in Zusammenhang stehenden Hausfriedensbruch. Dem Antrag wurde stattgegeben. Die hierauf gestützte Revision des Angeklagten hatte Erfolg. Sachliche Voraussetzung der Befugnis zur Anschließung als Nebenkläger ist die rechtliche Möglichkeit einer Aburteilung der Anklagetat aus dem die Nebenklage stützenden Strafgesetz. Eine Anschlußberechtigung in bezug auf den Totschlag kam nicht in Frage; eine Aburteilung wegen Hausfriedensbruchs war aber in dem vorliegenden Verfahren nicht möglich, weil der Angeklagte nur wegen Totschlags ausgeliefert worden war. Der Hausfriedensbruch stand mit dem Totschlag nicht in Tateinheit, da dieser nur bei Gelegenheit des Hausfriedensbruchs verübt worden war, ohne daß die Willensbetätigungen, durch welche der Tatbestand der beiden strafbaren Handlungen hergestellt wurde, derart zusammenfielen, daß mindestens ein Teil der einheitlichen Handlung zur Herstellung des Tatbestands sowohl des Verbrechens als auch des Vergehens mitwirkte. Nun ist allerdings für die Spezialität im Auslieferungsverfahren die Frage, ob dieselbe Handlung vorliege, nicht nach den sachlich-strafrechtlichen Vorschriften der §§ 73, 74 StGB., sondern nach der verfahrensrechtlichen Vorschrift des § 264 StPO. zu beurteilen; nach dieser ist der Begriff der Tat umfassender. Aber auch wenn hienach der Hausfriedensbruch mit dem Totschlag zusammen als dieselbe Handlung zu beurteilen wäre, käme hier in Betracht, daß die Auslieferung ausdrücklich auf den Totschlag beschränkt war. Unter diesen Umständen konnte dahingestellt bleiben, ob der Strafantrag wegen Hausfriedensbruch rechtzeitig gestellt war und ob nicht aus diesem Grunde die Nebenklage unzulässig war. Es mußte weiter angenommen werden, daß auf diesem Verfahrensverstoß das Urteil beruhte. Das kann jedenfalls dann nicht verneint werden, wenn der zu Unrecht zugelassene Nebenkläger sich am Verfahren beteiligt hat, weil alsdann einem nach dem Gesetz dazu nicht Berufenen eine Einwirkung auf das Verfahren und die Entscheidung (durch Ausübung des Fragerechts, Stellung von Anträgen, Abgabe von Erklärungen usw.) ermöglicht worden ist. Anders wäre die Sachlage zu beurteilen gewesen, wenn der Nebenkläger sich bei seinen Ausführungen und Anträgen auf das Vergehen des Hausfriedensbruchs beschränkt hätte; aus der Sitzungsniederschrift ergab sich aber, daß das nicht der Fall gewesen war. (II, 11. Juli 1932.) Amtl. Sammlg. S. 346—350. Vgl. Bd. 16 S. 253; Bd. 32 S. 137; Bd. 33 S. 388; Bd. 41 S. 168; Bd. 43 S. 260; Bd. 51 S. 129; Bd. 52 S. 298; Bd. 54 S. 288; Bd. 56 S. 58; Bd. 59 S. 100.

105. Wiedereinsetzung. Ersatzzustellung. Adressat. (StPO. §§ 44, 345.) Gegen ein Urteil legte der Verteidiger des Angeklagten Revision ein. Da er Zustellungsvollmacht hatte, wurde das Urteil ihm zugestellt; an den Angeklagten wurde eine Benachrichtigung gesandt, daß das Urteil seinem Verteidiger zugestellt worden sei. Die Revisionsbegründung lief verspätet ein. Der Verteidiger beantragte Wiedereinsetzung des Angeklagten in den vorigen Stand mit der Begründung, daß der Angeklagte sich zur Zeit der Zustellung des Urteils auf Reisen befunden habe und daß ihm die Benachrichtigung trotz seiner ausdrücklichen Anweisung nicht nachgesandt worden sei. Das Gesuch wurde abgelehnt. Da der Verteidiger Zustellungsvollmacht hatte, konnte ihm das Urteil mit rechtlicher Wirkung für den Angeklagten zugestellt werden; der Angeklagte war also nicht als Adressat der Zustellung anzusehen und konnte sich nicht darauf berufen, daß er von einer in seiner Abwesenheit vorgenommenen Ersatzzustellung ohne sein Verschulden keine Kenntnis erlangt habe. (III, 11. Juli 1932.)

Amtl. Sammlg. S. 350—351.

106. Gesamtstrafe. Untersuchungshaft. (StGB. §§ 60, 74; StPO. §§ 337, 358.) Das Schwurgericht verurteilte wegen versuchten Totschlags, Körperverletzung in zwei Fällen und verbotener Führung einer Schußwaffe zu Einzelstrafen von zwei Jahren, drei Monaten und zweimal sechs Monaten Gefängnis. Hieraus wurde eine Gesamtstrafe von zwei Jahren und sechs Monaten gebildet und darauf die Untersuchungshaft vollständig angerechnet. Das Reichsgericht hob das Urteil auf und verwies die Sache zur anderweitigen Verhandlung und Entscheidung an das Schwurgericht zurück. Dieses sprach nun von der Anklage wegen Mordversuchs und verbotener Führung einer Schußwaffe frei; aus den beiden übrigbleibenden Gefängnisstrafen von drei und sechs Monaten eine Gesamtstrafe zu bilden, unterließ es, wie auch ein Ausspruch über Anrechnung der Untersuchungshaft unterblieb. Das Urteil wurde neuerdings aufgehoben. Nach der zwingenden Vorschrift des § 74 StGB. hätte das Schwurgericht die beiden Einzelstrafen auf eine Gesamtstrafe zurückführen müssen; die Auffassung, daß es nur über die Anklage wegen Mordversuchs und verbotenen Führens einer Schußwaffe zu entscheiden gehabt habe, beruhte auf einem Rechtsirrtum. Mit der Aufhebung der Gesamtstrafe war auch die Anrechnung der Untersuchungshaft in Wegfall gekommen, da ja nur die Gesamtstrafe vollstreckt werden konnte. Es stand allerdings im Ermessen des Schwurgerichts, ob es die Untersuchungshaft ganz oder teilweise anrechnen wollte; wenn es aber hiebei von unzutreffenden rechtlichen Erwägungen ausging, lag die Verletzung einer Rechtsnorm vor. Im neuen Urteil durfte das Schwurgericht bei der Anrechnung der Untersuchungshaft nicht unter das im früheren Urteil festgesetzte Maß herabgehen. (III, 11. Juli 1932.) Amtl. Sammlg. S. 351—353.

Vgl. Bd. 52 S. 191.

107. **Räuberischer Diebstahl. Gewalt.** (StGB. § 252.) Ein Feldhüter traf einen Mann, der Erbsen von einem Feld entwendete. Auf seinen Anruf floh der Mann; als er ihn verfolgte, feuerte er mehrere Schüsse gegen ihn ab. Später ergab sich, daß es nur Schreckschüsse gewesen waren. Die Verurteilung wegen räuberischen Diebstahls wurde vom Reichsgerichte bestätigt. Der Begriff „Diebstahl" im Sinne des § 252 StGB. umfaßt jede Art von Entwendung, soferne sie nur, von ihrer besonderen rechtlichen Gestaltung im einzelnen abgesehen, im übrigen nach der äußeren und inneren Seite die Tatbestandsmerkmale des Diebstahls trägt. Durch die schwere Strafdrohung soll die besondere Gefährlichkeit des in der Vorschrift näher bezeichneten Verhaltens des Entwendens getroffen werden. Diese Gefährlichkeit wird nicht dadurch gemindert, daß das Entwendete nach Art und Menge gering ist; es muß in der Absicht des Gesetzgebers gelegen haben, den Täter ebenso und erst recht dann zu treffen, wenn er schon eine geringfügige Entwendung zum Anlaß eines so gefährlichen Verhaltens nimmt. Die Abgabe von Schüssen aus einer Schreckpistole war mit Recht als Gewalt gegen eine Person angesehen worden; hiefür genügte, daß der Täter mit dem Schreckschuß den Eindruck eines scharfen, auf die zu nötigende Person gerichteten Schusses hervorrufen wollte und hervorrief. (I, 20. September 1932.)

Amtl. Sammlg. S. 353—356.

Vgl. Bd. 6 S. 243, 325; Bd. 60 S. 157, 380.

108. **Urkundenfälschung. Falschbeurkundung. Vollmacht.** (StGB. §§ 271, 272; BGB. § 166; FGG. §§ 168, 169, 176.) R. erteilte S. Vollmacht zu seiner Vertretung beim Abschluß eines notariellen Vertrags. S. gab gegenüber dem Notar den Namen R. an und unterzeichnete mit diesem Namen auch die Urkunde; diese enthielt außer dem Vertrag auch Anmeldungen zum Handelsregister. Die

Verurteilung wegen Falschbeurkundung wurde vom Reichsgericht aufgehoben. Die Beweiskraft der Urkunde erstreckte sich auch auf die Feststellung der Persönlichkeit der Beteiligten; sie bezeugte nicht nur, daß jeder der in ihr als erschienen Angeführten sich dem Notar gegenüber als eine Person dieses Namens ausgegeben hatte, sondern es wurde darüber hinaus auch festgestellt, daß er diese Person wirklich sei. Indem der Angeklagte das ihm vorgelesene Protokoll, worin er als R. bezeichnet war, genehmigte und mit diesem Namen unterschrieb, bewirkte er also eine sachlich unrichtige Beurkundung. Obwohl er berechtigt war, die Erklärungen als Vertreter des R. abzugeben, war es doch für Rechte und Rechtsverhältnisse von Erheblichkeit, ob R. persönlich den Vertrag abschloß oder ob S. das als sein Vertreter tat; so kommt bei Abgabe von Willenserklärungen durch einen Vertreter, soweit die rechtlichen Folgen der Erklärung durch Willensmängel oder durch die Kenntnis oder das Kennenmüssen bestimmter Umstände beeinflußt wird, nicht die Person des Vertretenen, sondern jene des Vertreters in Betracht. Durch die Beurkundung wurde auch gegenüber dem Registerrichter die Berechtigung des Angeklagten zur Vornahme der Anmeldungen nachgewiesen; das wäre nicht der Fall gewesen, wenn der Wahrheit gemäß beurkundet worden wäre, daß der Angeklagte die Anmeldungen als Vertreter des R. bewirkte, denn dann hätte der Angeklagte dem Registergericht gegenüber seine Berechtigung zur Anmeldung durch eine öffentlich beglaubigte Vollmacht nachweisen müssen. Eine solche besaß er nicht. Aufgehoben wurde das Urteil aus Gründen des inneren Tatbestands. Zu diesem gehört auch das Bewußtsein des Täters von der Rechtserheblichkeit der beurkundeten Erklärungen, Verhandlungen oder Tatsachen; er muß wissen oder doch mit der (von ihm gebilligten) Möglichkeit rechnen, daß die Beurkundung für irgendwelche Rechte oder Rechtsverhältnisse erheblich sei. An einer genügenden Feststellung in dieser Hinsicht fehlte es. Der Angeklagte war sich darüber klar, daß er den Notar über seine Persönlichkeit täuschte und daß er nicht berechtigt war, den Namen R. zu führen; daraus erhellte aber noch nicht, daß er sich der Rechtserheblichkeit der falschen Beurkundung bewußt war. Um Klarheit hierüber zu schaffen war es notwendig, dem Zweck nachzugehen, den der

Angeklagte damit verfolgte, daß er sich als R. ausgab. Im Urteil des Schöffengerichts war ausgeführt, daß R. wegen seiner äußeren Erscheinung dem Vertragsgegner nicht habe vor Augen geführt werden sollen, da sonst bei diesem Zweifel über seine Reellität hätten auftauchen können. Wenn das der Fall war, kam in Betracht, ob sich der Angeklagte eines vollendeten oder versuchten Betrugs oder der Beihilfe zu einem solchen Vergehen schuldig machte; dagegen ergab sich daraus noch nicht, daß er sich der Erheblichkeit der Urkunde für Rechte oder Rechtsverhältnisse bewußt war. (II, 22. September 1932.)

Amtl. Sammlg. S. 356—359.

109. Tabaksteuerhinterziehung. Warenzeichen. Tateinheit. (StGB. §§ 73, 74; WZG. §§ 14, 19; TabStG. §§ 56, 95, 97, 100; MStO. § 2; RAbgO. §§ 359, 396, 418.) P. hatte einen Zigarettenherstellungsbetrieb innegehabt, ihn aber aufgegeben. Er besaß aus dieser Zeit noch einen Posten Tabak. Um diesen aufzuarbeiten, pachtete er von C. dessen Zigarettenherstellungsbetrieb. Er brachte den Tabak dorthin, verarbeitete ihn für Zigaretten, versah diese mit einem ihm nicht zukommenden Warenzeichen und ließ sie dann wegschaffen; C. half beim Verladen. Die Verurteilung des C. wegen Materialsteuerhinterziehung, Tabaksteuerhinterziehung und Vergehens gegen das Warenzeichengesetz wurde vom Reichsgericht bestätigt. Da der Tabak in seinen Betrieb gebracht worden war, war er Steuerschuldner der Materialsteuer. Als solcher war er verpflichtet, den Tabak in sein Materialverwendungsbuch einzutragen und bei der Zollstelle anzumelden. Das hatte er, zum eigenen oder des P. Vorteil, vorsätzlich unterlassen. Dadurch war die mit der Einbringung des Tabaks fällig gewordene Steuer verkürzt worden. Hieran wurde auch durch den Umstand nichts geändert, daß es sich bei der Materialsteuer insofern um eine Veranlagungssteuer handelte, als die Zollstelle die Steuer auf Grund der Anmeldung festzusetzen hatte. Obschon es zur Vollendung der Steuerhinterziehung genügt, wenn infolge der Tat ein geringerer Steuerbetrag festgesetzt wird, sind doch hiedurch auch bei Veranlagungssteuern die Möglichkeiten einer vollendeten Verkürzung von Steuereinnahmen nicht erschöpft; es kann vielmehr ein steuerwidriges Verhalten erst recht in der Weise zu einem Steuerausfall führen, daß infolge vorsätzlicher oder fahrlässiger Unterlassung der gebotenen Offenbarung steuerrechtlich erheblicher Tatsachen die Steuerbehörde überhaupt keine Kenntnis von der Steuerschuld und dem Steuerschuldner erhält und auf diese Weise die rechtzeitige Veranlagung, Festsetzung, Vereinnahmung oder Beitreibung einer nach den Steuergesetzen zu beanspruchenden Steuer vereitelt wird. Durch widerrechtliches Versehen der Zigaretten mit dem geschützten Warenzeichen war ein Vergehen gegen das Warenzeichengesetz verübt worden. Dieses Vergehen stand zu der Materialsteuerhinterziehung im Verhältnis der Tatmehrheit. Unrichtig war allerdings die Annahme des Berufungsgerichts, daß das Warenzeichenvergehen erst nach Vollendung der Steuerhinterziehung begangen worden war. Die Vorschrift, daß die Materialsteuer mit dem Verbringen des Tabaks in den Herstellungsbetrieb fällig wird, ist nur so zu verstehen, daß von diesem Zeitpunkt an die Steuerbehörde die Zahlung der Steuer verlangen kann. Nach § 2 MStO. muß die Anmeldung zum Zwecke der Versteuerung spätestens an dem auf die Einbringung des Tabaks folgenden Werktag bei der Zollstelle eingehen; vor Ablauf dieser Frist ist eine Hinterziehung nicht möglich. Nach den Feststellungen des Urteils war zu diesem Zeitpunkt schon mit dem Warenzeichenvergehen begonnen. Aber auch wenn Hinterziehung und Warenzeichenvergehen zu derselben Zeit und am nämlichen Orte begangen wurden, genügte das nicht, um Tateinheit anzunehmen; hiefür ist vielmehr notwendig, daß die Willensbetätigungen, durch welche die Tatbestände der verschiedenen Vergehen hergestellt werden, wenigstens zu einem Teil dergestalt zusammenfallen, daß mindestens ein Teil der einheitlichen Handlung zur Herstellung des Tatbestandes sowohl des einen als auch des anderen Vergehens mitwirkt. Im vorliegenden Fall trug die Einbringung des Tabaks in den Betrieb mit dem Vorsatz der Materialsteuerhinterziehung nicht zu dem Tatbestand des Warenzeichenvergehens bei, während es anderseits für die Erfüllung des Tatbestands der Materialsteuerhinterziehung ohne Belang war, daß die Zigaretten mit einem falschen Warenzeichen versehen wurden. Dagegen standen die Tabaksteuerhinterziehung und das Warenzeichenvergehen zueinander im Verhältnis der Tateinheit. Allerdings war das Warenzeichenvergehen durch die Anbringung des Warenzeichens an den Zigaretten schon vollendet, als mit der Steuerhinterziehung durch Inverkehrbringen der Zigaretten begonnen wurde. Aber auch wenn eine Handlung den Tatbestand eines Vergehens erfüllt hat, kann in ihrer tatsächlichen Fortsetzung ein Merkmal Aufnahme finden, das die einheitliche Erfüllung des Tatbestands eines anderen Vergehens begründet. Der Wille der Täter war darauf gerichtet, die widerrechtlich gekennzeichneten Zigaretten in den Verkehr zu bringen; die Tätigkeit, die dazu diente, stellte sich hiernach als die beabsichtigte Fortsetzung des Warenzeichenvergehens dar. Solange die Zigaretten nicht in den Verkehr gebracht waren, war das Warenzeichenvergehen tatsächlich noch nicht beendet, wenn auch schon vollendet. Eine und dieselbe strafbare Betätigung wirkte also zur Herstellung des Tatbestands sowohl des einen wie auch des anderen Vergehens mit. Durch die Annahme von Tatmehrheit war aber der Angeklagte nicht beschwert, da auch bei Tateinheit die in beiden Gesetzen angedrohten Strafen nebeneinander zu verhängen waren. (II, 26. September 1932.)

Amtl. Sammlg. S. 359—364.

Vgl. Bd. 32 S. 137; Bd. 52 S. 298; Bd. 54 S. 288; Bd. 56 S. 58; Bd. 60 S. 307; Bd. 65 S. 115.

110. Pflicht zum Erscheinen. Gesetzesauslegung. (StPO. §§ 233, 332; RPrVO. vom 6. Oktober 1931 Teil VI Kap. I § 5.) Die Erweiterung der Befugnis des Gerichts, den Angeklagten von der Verpflichtung zum Erscheinen in der Hauptverhandlung zu befreien, die durch die Notverordnung vom 6. Oktober 1931 eingeführt worden ist, gilt auch für das Berufungsverfahren. Nach dem Wortlaut des § 332 StPO. finden zwar für dieses nur die im 6. Abschnitt des zweiten Buchs der Strafprozeßordnung über die Hauptverhandlung gegebenen Vorschriften Anwendung; eine solche am Buchstaben haftende Auslegung ist aber abzulehnen, da sie dem klaren Sinn der Vorschrift widersprechen würde, die auf die Gleichmäßigkeit der Vorschriften über die Hauptverhandlung für beide Instanzen abzielt. (III, 26. Sept. 1932.) Amtl. Sammlg. S. 364—365.

111. Drahtnachricht durch Fernsprecher. Urkundenfälschung. Beweiserheblichkeit. Betrug. (StGB. §§ 73, 263, 267, 268.) Telegramme, die teilweise beleidigenden Inhalt hatten, wurden in der Weise aufgegeben, daß der Absender fälschlich angab, von einem bestimmten Fernsprechanschluß aus zu sprechen; er gab auch als Unterschrift der Telegramme einen falschen Namen an. Damit wurde der Tatbestand der schweren Urkundenfälschung erfüllt, soweit die Telegramme ankamen. Die Beweiserheblichkeit einer Urkunde braucht nur im abstrakten Sinne gegeben zu sein; es genügt also, wenn das Schriftstück in irgendeiner Beziehung, sei es für sich allein, sei es in Verbindung mit anderen Tatsachen oder Umständen, für den Beweis von Rechten oder Rechtsverhältnissen ins Gewicht fallen kann. Das traf für alle Telegramme zu. Der Absender einer Drahtnachricht kann sich einer Urkundenfälschung auch dann schuldig machen, wenn er sie dem Empfangsbeamten durch Fernsprecher übermittelt hat. Bei den Telegrammen, die beleidigenden Inhalt hatten, kam insbesondere in Betracht, daß sie für den staatlichen Strafanspruch und das Strafantragsrecht des Verletzten beweiserheblich waren. Hinsichtlich der anderen Telegramme war dagegen der Tatbestand der Urkundenfälschung nicht erwiesen. Bei Aufgabe von Inlandstelegrammen ist die Angabe des Absenders nicht vorgeschrieben. Die Angabe ist eine rechts- und beweiserhebliche Privaturkunde; die fälschliche Anfertigung der Verwertung erfüllt also den Tatbestand der Urkundenfälschung. Die Person des Absenders eines Telegramms kann auch durch die bloße Bezeichnung der Nummer seines Fernsprechanschlusses hinreichend gekennzeichnet werden. Daß der Absendervermerk auf den Aufgabetelegrammen fernmündlich unter Benutzung des Empfangsbeamten als Werkzeug hergestellt wird, steht auch hier dem Tatbestand der Urkundenfälschung nicht entgegen. Wird dabei in der Absicht gehandelt, sich einen Vermögensvorteil zu verschaffen, indem man die eigene Belastung mit den Telegrammgebühren vermeidet, oder dem wirklichen Inhaber des Fernsprechanschlusses durch dessen Belastung mit diesen Gebühren Schaden zuzufügen, so liegt schwere Urkundenfälschung vor; es ist nicht notwendig, daß die Absicht der Vorteilverschaffung oder Schadenzufügung den ausschließlichen Beweggrund des Täters bildet. Im gegebenen Fall bestand aber Zweifel, ob der Angeklagte überhaupt die fälschliche Anfertigung eines unrichtigen Absendervermerks wollte. Beschränkte er sich auf die Mitteilung der Nummer des Anschlusses, so wurde dadurch eine Urkunde nicht hergestellt; die Postbehörde ließ sich nur wegen der Gebühren die Nummer des Anschlusses, von dem aus das Telegramm aufgegeben wurde, ohne Herbeiführung einer urkundlichen Erklärung des Angeklagten kundtun. Auch der Tatbestand der Falschbeurkundung kam nicht in Frage, selbst wenn der Postbeamte die ihm übermittelte Nummer des Anschlusses zwecks späterer Gebührenerhebung in öffentlichen Büchern oder Registern eintrug; die Eintragung war nicht geeignet, gegenüber jedermann Beweis dafür zu erbringen, daß bei der Aufgabe des Telegramms dem Beamten diese Nummer des Anschlusses genannt worden war. Der Tatbestand des Betrugs war einwandfrei nachgewiesen. (II, 6. Oktober 1932.)

Amtl. Sammlg. S. 365—370.

Vgl. Bd. 32 S. 56; Bd. 38 S. 213; Bd. 56 S. 114; Bd. 57 S. 321; Bd. 59 S. 13; Bd. 62 S. 218.

112. Untreue. Betrug. Allgemeine Gütergemeinschaft. Unrichtige Grundbuchlage. Strafantrag. (StGB. §§ 263, 266; BGB. §§ 1443, 1445.) Ein Mann, der mit seiner Frau in allgemeiner Gütergemeinschaft lebte, hatte ein Grundstück in die Ehe eingebracht. Die Berichtigung des Grundbuchs war unterblieben. Er benützte den Umstand, daß das Grundstück noch auf seinen Namen stand, um es zu verkaufen und aufzulassen; der Käufer wurde als Eigentümer eingetragen. Der Ehemann wurde wegen Untreue, der Käufer wegen Beihilfe dazu angeklagt. Die Untergerichte sprachen sie frei; das Reichsgericht verwies die Sache zurück. Untreue lag allerdings nicht vor. Ob die Rechtsstellung, die bei allgemeiner Gütergemeinschaft dem Ehemann hinsichtlich des Gesamtguts zukommt, als Vollmachtsverhältnis anzusehen ist, wurde nicht entschieden; das Reichsgericht erklärte es bei der Ähnlichkeit dieser Rechtsstellung mit jener des geschäftsführenden Gesellschafters im Verhältnis zu den Mitgesellschaftern für naheliegend. Die Verfügung, die der angeklagte Ehemann getroffen hatte, stellte keinen Mißbrauch seiner Verfügungsgewalt dar, denn er war nicht als Verwalter des Gesamtguts gegenüber dem Grundbuchamt aufgetreten, hatte im Gegenteil diese Rechtsstellung verschwiegen und nur die zu seinen Gunsten bestehende Unrichtigkeit des Grundbuchs ausgenutzt. Die ihm dadurch gegebene Möglichkeit, über das Grundstück ohne die nach dem Rechte der Güterge-

meinschaft erforderliche Einwilligung seiner Frau zu verfügen, war nicht Ausfluß eines Vollmachtverhältnisses, sondern eine rein tatsächliche Lage. Zu prüfen war aber, ob die Angeklagten sich nicht eines Betrugs schuldig gemacht hatten. Dadurch, daß der angeklagte Ehemann unter Vorlegung des Kaufvertrags die Auflassungserklärung abgab, spiegelte er wider besseres Wissen dem Grundbuchamt vor, er sei der allein verfügungsberechtigte Eigentümer des aufzulassenden Grundstücks. Die Frage, ob eine Rechtspflicht zur Aufklärung gegenüber dem Grundbuchrichter bestand, brauchte daher nicht aufgeworfen zu werden; sie wäre gleichfalls zu bejahen gewesen, so daß auch ein bloßes Verschweigen zur Erfüllung des Tatbestands ausgereicht hätte. Der Grundbuchrichter hatte von Amts wegen die Befugnis des Verkäufers zur Auflassung zu prüfen; seine auf Grund dieser Prüfung getroffene Entscheidung stellte sich im Sinne des Betrugstatbestands als eine Verfügung über den Anteil der Frau an dem Grundstück dar. Zu dieser Verfügung war er durch das täuschende Verhalten des Ehemannes veranlaßt worden. Da der Erwerber des Grundstücks die Sachlage kannte, verlor zwar die Frau ihr Recht an dem Grundstück durch die Umschreibung auf ihn nicht; immerhin wurde dadurch die Gefahr, daß über das Grundstück zugunsten eines gutgläubigen Dritten verfügt und damit ihr Recht an dem Grundstück vernichtet wurde, erhöht. Die Gefahr war allerdings schon in der Zeit gegeben, da der Ehemann allein als Eigentümer eingetragen war; hier bestand aber die Möglichkeit, daß das Grundbuchamt auf irgendeine Weise von der Gütergemeinschaft Kenntnis erlangte. Auch wenn eine Schädigung der Frau nicht angenommen wurde, war zu prüfen, ob nicht versuchter Betrug gegeben war. Strafantrag hatte die Frau gestellt; auch ohne einen solchen hätte der Käufer gestraft werden können, da hier nur ein persönlicher Strafausschließungsgrund in Frage kam. (III, 10. Oktober 1932.)
Amtl. Sammlg. S. 371—374.
Vgl. Bd. 23 S. 35; Bd. 43 S. 55; Bd. 63 S. 334; RGZ. Bd. 106 S. 198.

113. Schwerbeschädigter. Buße. Antrag. (StGB. § 61; SchwBeschG. § 18; ArbGG. § 114.) Die Buße, die im Fall einer Verletzung des Schwerbeschädigtengesetzes auf Antrag der Hauptfürsorgestelle zu verhängen ist, hat die

Bedeutung einer Ordnungsstrafe. Der Antrag ist dem Strafantrag verwandt; er bildet eine Prozeßvoraussetzung, die von Amts wegen zu prüfen ist. Demzufolge muß der Antrag binnen drei Monaten von dem Zeitpunkt an gestellt werden, seit dem die Hauptfürsorgestelle von dem Verstoß und der Person des in Betracht kommenden Arbeitgebers Kenntnis erlangt hat. (II, 13. Oktober 1932.)

Amtl. Sammlg. S. 374—375.

Vgl. Bd. 46 S. 269; Bd. 64 S. 193.

114. Verwaltungsstrafverfahren. Verjährung. Ruhen. (StGB. § 69; RAbgO. §§ 355, 423, 468.) Das Verwaltungsstrafverfahren nach der Reichsabgabenordnung kann auch eingeleitet werden, ehe die Steuerentscheidung rechtskräftig ist. Demzufolge ruht die Verjährung nicht, solange das Steuerfestsetzungsverfahren nicht abgeschlossen ist. (II, 13. Oktober 1932.) Amtl. Sammlg. S. 376—377.

Vgl. Bd. 65 S. 287.

115. Kuppelei. Triolismus. (StGB. § 180.) Eine Frau forderte in zahlreichen Fällen den geschlechtlichen Verkehr ihres Mannes mit anderen Frauen. Sie erklärte, daß sie als Triolistin auf diese Weise ihre geschlechtliche Befriedigung gefunden habe. Das stand der Verurteilung wegen Kuppelei nicht entgegen; sie hatte den Unzuchtsverkehr ihres Mannes gefördert und hiebei, weil sie einem sie beherrschenden und zu wiederkehrender Betätigung drängenden Hang nachgab, gewohnheitsmäßig gehandelt. Der Umstand, daß sie zur eigenen geschlechtlichen Befriedigung zu einem kupplerischen Vorgehen bestimmt wurde, konnte dies so wenig rechtfertigen wie eine sadistische Veranlagung den von ihr Beherrschten berechtigt, zur Befriedigung seiner Geschlechtslust Körperverletzungen zu begehen. (II, 17. Oktober 1932.) Amtl. Sammlg. S. 378—380.

116. Unlauterer Wettbewerb. Geschäftlicher Betrieb. Schmiergeld. Bezug von Waren. (UnlWG. § 12.) Einem Angestellten der Verkehrsbetriebe einer Stadt, der das Tanken an einer Hilfsstelle zu überwachen, die Lieferungen von Betriebsstoffen abzunehmen und neuen Bedarf bei der Verwaltung der Verkehrsbetriebe zu melden hatte, wurden von dem Vertreter einer Kohlenverkaufsgesellschaft Geldgeschenke gemacht. Beide wurden vom Schöffengericht freigesprochen, weil kein geschäftlicher Betrieb vorliege. Das Reichsgericht verwies die Sache zurück. Das

Vorliegen eines geschäftlichen Betriebs ist anzunehmen, wo der Betrieb auf einen entgeltlichen Austausch von Gütern oder auf ein Gewähren von Leistungen gegen Entgelt gerichtet ist. So ist das schon angenommen worden für die Post, die Eisenbahn, für städtische Elektrizitäts-, Gas- und Wasserwerke, für eine städtische Mehlverwertung. Allerdings sind solche städtische Betriebe nicht rein privatwirtschaftlicher Natur; sie bilden einen wesentlichen Teil der städtischen Gesamtverwaltung, dienen keineswegs ausschließlich oder nur in erster Linie Erwerbszwecken, sondern der öffentlichen Sicherheit und Ordnung, insbesondere der Verkehrssicherheit und der Gesundheitspflege. Richtet eine Stadt eine dauernde Stelle ein, die unabhängig von ihrem jeweiligen Inhaber berufen ist, einen derartigen Betrieb aufrechtzuerhalten, zu leiten oder zu beaufsichtigen, so kommt dieser Stelle die Natur eines städtischen Amtes zu. Es ist eben eine Doppelnatur solcher Betriebe gegeben. Sind sie auch in erster Linie bestimmt, öffentlich-rechtlichen Zwecken zu dienen, so kann doch die Art ihrer Gestaltung und ihrer Betätigung im Wirtschaftsleben durchaus geschäftlicher Art sein. Daß solche Betriebe deshalb in die öffentliche Hand übernommen werden, weil man damit den Zweck einer vorteilhaften gemeinnützigen Regelung am Besten zu erreichen gedenkt, ändert nichts an dem Wesen, daß durch den Betrieb Leistungen geboten werden, für die der einzelne Benutzer der Einrichtung nicht anders als gegenüber einem Privatunternehmen sein Entgelt zu zahlen hat, mag dieses auch als öffentlich-rechtliche Gebühr anzusehen sein. Die Beurteilung der Frage, ob ein geschäftlicher Betrieb vorliegt, kann auch nicht von dem Zufall abhängen, ob bei der Einrichtung des Betriebs oder seiner Übernahme in die öffentlich-rechtliche Hand auf einen Gewinn gerechnet wurde. Die Angeklagten hatten auch noch eingewendet, daß es sich nicht um den Bezug von Waren gehandelt habe. Der Begriff umfaßt aber nicht nur die Abschließung des Kaufvertrags, sondern auch die Lieferung und die Entgegennahme der Ware, ihre Prüfung sowie Beanstandungen der Lieferung. Es war die Möglichkeit gegeben, daß die Geschenke gemacht wurden, damit der Angestellte von einer Meldung von Mängeln absah. (I, 18. Oktober 1932.)

Amtl. Sammlg. S. 380—385.

Vgl. Bd. 49 S. 199; Bd. 50 S. 119; Bd. 55 S. 31; Bd. 58 S. 363.

117. Richterliche Unabhängigkeit. Grenzen der Dienstaufsicht. Ablehnung eines Richters. Befangenheit. (RVerf. Art. 102; StPO. §§ 28, 29, 30.) Das Urteil eines Schöffengerichts, an dem außer den Schöffen zwei Richter mitgewirkt hatten, wurde noch vor Eintritt der Rechtskraft vom Justizministerium in Besprechungen mit dem zuständigen Oberstaatsanwalt und Landgerichtspräsidenten scharf mißbilligt. Dem Oberstaatsanwalt wurde der Auftrag erteilt, gegen das Urteil Berufung einzulegen; dem Landgerichtspräsidenten wurde anheimgegeben, den beiden Richtern dienstlich vorzuhalten, daß und in welchen Punkten die Begründung des Urteils nicht sorgfältig sei und daß künftig in ähnlichen Fällen eine sorgfältigere Begründung erwartet werden müsse. An den Oberlandesgerichtspräsidenten erging ein Erlaß, worin er ersucht wurde, mit tunlichster Beschleunigung zu prüfen, ob die in den Besprechungen hervorgehobenen, im Erlaß von Neuem angeführten Mängel der Urteilsbegründung Anlaß zu Maßnahmen im Dienstaufsichtswege geben. Das Reichsgericht erklärte das Vorgehen zum Teil für sehr bedenklich. Die Reichsverfassung spricht an der Spitze des Abschnitts, der von der Rechtspflege handelt, den Grundsatz aus, daß die Richter unabhängig und nur dem Gesetz unterworfen sind. Dieser Grundsatz, der schon vor Erlassung der Reichsverfassung in Deutschland galt, ist das Ergebnis langwieriger politischer Kämpfe und beruht auf der Überzeugung, daß nur die gänzliche Unabhängigkeit der Rechtsprechung von den Einflüssen der Verwaltung den Staatsbürger in seinen gesetzlich anerkannten Rechten gegen mögliche Willkür einer ihm abgeneigten Regierung zu schützen vermöge. Das Justizministerium kann sich zwar, wie über die Handhabung der Rechtspflege im allgemeinen, so auch über die Bearbeitung und den jeweiligen Stand einer einzelnen Rechtsangelegenheit unterrichten; es ist ihm ebenso unverwehrt, in einem Strafverfahren, dessen Ausgang es in bestimmter Richtung, so etwa für den Bestand der staatlichen Ordnung oder für die von dem Gesamtministerium verfolgte Politik Bedeutung beimißt, während schwebender Sache seinen Einfluß geltend machen, doch bietet sich ihm als gesetzlich zulässiger Weg nur die Erteilung entsprechender Anweisungen an die ihm untergeordnete Staatsanwaltschaft. Das Justizministerium konnte daher in dem vorliegenden Fall dem zuständigen Oberstaatsanwalt den Auftrag erteilen, gegen das Urteil Berufung einzulegen, und hiebei die nach seiner Ansicht bestehenden Mängel des bisherigen Verfahrens und der sachlichen Urteilsentscheidung eingehender zur Sprache bringen und so oder auf andere Weise die Rechtsauffassung festlegen, die im weiteren Verlauf des Verfahrens von der Staatsanwaltschaft zu vertreten sei. Bedenklich war es dagegen, wenn es im Anschluß hieran, ohne erst den Verlauf und das Endergebnis des Berufungsverfahrens abzuwarten, dazu überging, auch den Landgerichtspräsidenten auf alle Anstände, die es gegen das Urteil des Schöffengerichts geltend zu machen habe, hinzuweisen und ihm anzudeuten, welches Vorgehen gegenüber den Richtern es von ihm erwarte. Ernstliche Bedenken ergaben sich vollends gegen die in dem Erlaß an den Oberlandesgerichtspräsidenten kundgegebene Absicht, gegen die an dem Urteil des Schöffengerichts beteiligten Richter wegen der Art ihrer Mitwirkung im Dienstaufsichtswege vorzugehen. Die gerügten Mängel waren keineswegs von der Art, daß sie sich ohne weiteres und zweifelsfrei von dem Inhalt der erlassenen Entscheidung trennen ließen. Der eine Punkt betraf eine in den Rahmen der Beweiswürdigung fallende Feststellung, der andere die Anwendung des § 193 StGB. In der ersten Hinsicht war der Vorwurf erhoben, daß gewisse Behauptungen des Angeklagten über einen früheren Staatsminister trotz der von diesem in einer Zeitung veranlaßten Veröffentlichungen als unwiderlegt bezeichnet waren, während die Ausführungen zu § 193 StGB. die erforderliche Genauigkeit vermissen lassen sollten. Die Frage, ob eine bestimmte Behauptung widerlegt oder nicht widerlegt ist, bildet indessen einen Teil der dem Richter zustehenden sachlichen Prüfung und Entscheidung, die er ausschließlich nach seiner pflichtgemäßen Überzeugung treffen muß; und dasselbe gilt von den Voraussetzungen, die in einem einzelnen Fall für die Anwendung des § 193 StGB. bestehen. Auch wenn eine bestimmte Auffassung des § 193 StGB. der herrschenden Rechtslehre und der bestehenden Rechtsprechung widerspricht, darf, ja muß der erkennende Richter, wenn er diese

Auffassung für zutreffend hält, sie und allein sie zur Geltung bringen; er würde gegen seine Rechtspflicht verstoßen, wenn er anders handelte. Überdies waren die in dem Erlaß gerügten Mängel des Urteils keineswegs schwerwiegender Art; selbst wenn man von dem grundsätzlichen Bedenken absah, daß sich ihre etwaige Ahndung als eine Beeinträchtigung der richterlichen Unabhängigkeit darstellen würde, war nicht recht einzusehen, weshalb neben dem bereits gegebenen Hinweis auf diese Mängel gegenüber den beteiligten Richtern durch den Landgerichtspräsidenten ein weiteres Einschreiten im Dienstaufsichtswege überhaupt noch angebracht sein konnte, zumal ein so schleuniges, daß nicht einmal die rechtskräftige Entscheidung in der Sache selbst abgewartet werden konnte. Es war darnach verständlich, daß der Angeklagte befürchtete, die Richter des Landgerichts würden bei der Entscheidung über die Berufung bewußt oder unbewußt unter dem Druck der Sorge, sie könnten bei einer erneuten Freisprechung ähnlichen Weiterungen und Unannehmlichkeiten ausgesetzt sein, von vorneherein seiner Verurteilung zuneigen. Das Ablehnungsgesuch, das er gegen die drei richterlichen Mitglieder des Berufungsgerichts anbrachte, mußte darum als begründet angesehen und das Urteil aus diesem Grunde aufgehoben werden. Zwei von den drei Richtern, die über das zweite Ablehnungsgesuch entschieden, hatten sich auf ein früheres, gegen sie selbst gerichtetes Ablehnungsgesuch als befangen erklärt. Das stand ihrer Mitwirkung an dem Beschluß nicht entgegen. Die Ablehnung eines Richters wegen Befangenheit erstreckt sich grundsätzlich nur auf das bestimmte einzelne Dienstgeschäft oder die eine innere Einheit bildende Reihe solcher Geschäfte, zu deren Vornahme der Abgelehnte andernfalls nach der gegebenen Prozeßlage berufen sein würde. (II, 20. Juni 1932.) Amtl. Sammlg. S. 385—392.

118. **Aufforderung zu einem Verbrechen. Brandstiftung. Versicherungsbetrug. Betrug. Vorteil.** (StGB. §§ 49 a, 263, 265, 306.) Einem Wirt machte ein Gast das ernstlich gemeinte Anerbieten, die Wirtschaft, die der Ehefrau des Wirts gehörte, in Brand zu setzen, wenn dieser ihm 300 *RM* aus der zu erwartenden Brandentschädigung zu zahlen verspreche. Damit war der Tatbestand des § 49 a StGB. erfüllt. Es handelte sich um das Erbieten

zur tateinheitlichen Begehung einer Brandstiftung nach § 306 Nr. 2 StGB. und eines Versicherungsbetrugs nach § 265 StGB. Die Gewährung eines Vorteils ist nicht anzunehmen, wenn sich der Erbietende den verlangten Vorteil durch die Verbrechensbegehung selbst erringen muß und wenn der Vorteil unmittelbar und notwendig mit der Verbrechensausübung verknüpft ist, da in solchen Fällen der Vorteil nicht von dem Empfänger des Erbietens gewährt wird. Das traf hier nicht zu. Zwar schaffte die Ausführung der Verbrechen, zu denen sich der Angeklagte erboten hatte, die notwendige Vorbedingung dafür, daß es zu einem Erwerb der Versicherungssumme für die Beteiligten überhaupt kommen konnte; das Ergebnis der erfolgreichen Begehung der Brandstiftung und des Versicherungsbetrugs war aber nur die Vernichtung des in Brand gesetzten Gegenstandes und die willkürliche Herbeiführung des Versicherungsfalls. Bei beiden Verbrechen war somit die Erlangung der Versicherungssumme kein aus ihrem Verlauf sich unmittelbar und notwendig für den Täter und die Teilnehmer ergebender Vorteil; sie konnte vielmehr nur durch weitere, nicht zu der Ausführung der Verbrechen gehörende Handlungen Wirklichkeit werden. Auch beim Versicherungsbetrug kann die Brandentschädigung nur durch eine weitere Handlung des Versicherten erlangt werden, die in allen Fällen seiner Beteiligung am Verbrechen nach § 265 StGB. einen Betrug nach § 263 StGB. darstellt. (II, 24. Oktober 1932.) Amtl. Sammlg. S. 392—393.

Vgl. Bd. 10 S. 3; Bd. 53 S. 289; Bd. 48 S. 190.

119. Nebenklage. Zulassung. Rechtsmittel. Anschlußerklärung. (StPO. §§ 345, 374, 395.) Eine Frau wurde vom Schwurgericht wegen Totschlagsversuchs verurteilt. Der Mann, gegen den sich die Tat gewendet hatte, schloß sich innerhalb der Revisionsfrist dem Verfahren als Nebenkläger an und legte Revision ein. Es wurde ihm das Urteil zugestellt; sein Anschluß wurde aber abgelehnt. Das Reichsgericht ließ ihn zu. Die Staatsanwaltschaft hatte zwar selbst keine Revision eingelegt, doch war zur Zeit der Anschlußerklärung die Frist für sie noch nicht abgelaufen; folglich war ein schwebendes Verfahren vorhanden, an das der Antragsteller sich anschließen konnte. Darauf, ob die Entscheidung des Gerichts über die Zulassung noch innerhalb der Revisionsfrist erging, konnte es nicht ankommen. Da der Antragsteller erst mit der Zustellung des Beschlusses, durch den die Nebenklage zugelassen wurde, die Rechte eines Nebenklägers erwarb — unbeschadet der Rückwirkung auf das mit der Anschlußerklärung eingelegte Rechtsmittel — war die an ihn erfolgte Zustellung des Urteils wirkungslos und mußte wiederholt werden. (III, 27. Oktober 1932.) Amtl. Sammlg. S. 393—394.

Vgl. Bd. 48 S. 236; Bd. 66 S. 129.

120. Diebstahl. Raub. Wegnahme. (StGB. §§ 242, 249.) B. und S. überfielen W. und schlugen ihn zu Boden. S. durchsuchte ihm die Taschen, nahm eine Tabakdose an sich und legte sie auf den Boden der Straße, entriß dann dem W. die Geldbörse und griff auch nach seinem Trauring, um ihm diesen vom Finger zu ziehen. B. unterstützte ihn hiebei. Als dann Schutzleute kamen, lief zuerst B. und dann auch S. weg. Die Tabakdose blieb auf dem Boden liegen; wohin die Geldbörse kam, war nicht festzustellen. Die Wegnahme von Tabakdose und Geldbörse war als vollendet anzusehen. Allerdings ist in der Beiseitelegung einer dem Inhaber abgenommenen Sache eine Wegnahme solange nicht zu sehen, als der bisherige Inhaber in der Lage bleibt, selbst oder durch einen anderen die Verfügung des Täters über die Sache zu verhindern; dafür genügt es im allgemeinen, wenn der Eigentümer selbst in unmittelbarer leiblicher Nähe zu seiner Sache bleibt und Kenntnis von dem fremden Eingriff hat. Das trifft aber nicht zu, wenn sich der Eigentümer einem gewalttätigen und körperlich überlegenen Menschen oder gar mehreren gegenübersieht, so daß er sich, wenn er fernerhin über die Sache verfügen wollte, zuerst noch mit Gewalt durchsetzen müßte. So lag hier die Sache. (I, 1. November 1932.) Amtl. Sammlg. S. 394—396.

121. Nötigungsstand. Notstand. Zumutbarkeit. (StGB. §§ 52, 54.) Ein Mädchen, das zugunsten seines Geliebten einen Meineid geschworen hatte, verteidigte sich damit, daß er ihr gedroht habe, sie zu schlagen und nicht mehr für den Unterhalt ihres Kindes zu sorgen, wenn sie nicht zu seinen Gunsten aussage. Ein Notstand, der sie straffrei machte, wurde dadurch nicht begründet, und zwar weder ein Notstand im engeren Sinne (§ 54 StGB.) noch ein Nötigungsstand (§ 52 StGB.). Durch diese Vorschriften sind für die Täter, die aus einer gegenwärtigen Gefahr für Leib oder Leben ihrer selbst oder eines Angehörigen keinen anderen Ausweg sehen als den einer tatbestandsmäßig rechtswidrigen Handlung, Entschuldigungsgründe aufgestellt, die an bestimmte Voraussetzungen gebunden sind. Diese Gründe beruhen auf der Erkenntnis, daß neben dem auf innere Zustände zurückführbaren völligen Mangel der freien Willensbestimmung, der seiner Natur nach schuldausschließend wirkt, auch eine durch besondere äußere Umstände verursachte außergewöhnliche Beeinträchtigung der freien Willensbestimmung, ein außergewöhnlicher seelischer Druck in Betracht kommen kann, der bei Berücksichtigung des Selbsterhaltungstriebs und des ihm nahestehenden Triebs zur Erhaltung der Angehörigen ein normgemäßes Verhalten als nicht zumutbar und deshalb die Normverletzung als entschuldbar erscheinen läßt, soferne nicht der Täter kraft seiner besonderen Rechtsstellung verpflichtet ist, die Gefahr zu bestehen. Die Leibesgefahr darf nicht ganz unerheblich sein, auch muß zwischen der Schwere der Gefahr und der Schwere der in der Abwehrhandlung gelegenen Rechtsgüterverletzung eine gewisse Verhältnismäßigkeit bestehen. Zwar ist die Entschuldung der Abwehrhandlung nicht davon abhängig, daß das gefährdete Rechtsgut höherwertig sei als das durch sie verletzte Rechtsgut; es kann beim Vorhandensein der sonstigen Voraussetzungen auch die zur Abwehr eines bloßen Leibnotstandes vorgenommene Tötung eines anderen entschuldbar sein. Die Leibesgefahr muß aber von der Art sein, daß sie die freie Willensbestimmung in außergewöhnlicher Weise zu beeinträchtigen geeignet ist; sie muß im Verhältnis zu den von der Begehung der Abwehrhandlung abhaltenden Beweggründen so stark sein, daß es dem Gefährdeten nicht zum Vorwurf gemacht werden kann, wenn er zur Abwendung der Gefahr jene Handlung vornimmt. Angesichts des Gewichts, das beim Durchschnitt der Volksgenossen den abhaltenden Beweggründen gegenüber schweren Straftaten zukommt, kann der Grundsatz aufgestellt werden, daß regelmäßig zur Entschuldigung einer schweren Straftat, also etwa eines Meineids, eine erheblichere und nachhaltigere Beeinträchtigung der körperlichen Unversehrtheit vorausgesetzt wird als zur Entschuldigung einer leichteren Straftat. Die

Frage, ob im Einzelfall eine Drohung mit Leibesgefahr von einer solchen Erheblichkeit vorgelegen hat, daß bei Berücksichtigung der Schwere der Abwehrhandlung von einem die Entschuldigung begründenden Nötigungsstand gesprochen werden kann, liegt wesentlich auf tatsächlichem Gebiet. Im Urteil war festgestellt, daß die Angeklagte wiederholt ihren Geliebten aufgefordert hatte, sie zu schlagen, wenn sie es verdiene; die Folgerung, daß sie auch im vorliegenden Fall die Drohung mit Schlagen nicht als ein so schwerwiegendes Übel empfunden hatte, daß die Annahme eines Notstandes gerechtfertigt gewesen wäre, ließ keinen Rechtsirrtum erkennen, insbesondere im Hinblick darauf, daß die Abwehrhandlung in einem schweren Verbrechen gegen die Allgemeinheit bestand. (I, 11. November 1932.) Amtl. Sammlg. S. 397—400.

122. Devisenhandel. Traveller-Scheck. Irrtum. Zahlmittel. (StGB. § 59; DevVO. §§ 2, 8, 18.) Traveller-schecks (Reiseschecks) werden von einer amerikanischen Gesellschaft herausgegeben, die in allen größeren Ländern Niederlassungen unterhält. Sie enthalten die Anweisung an die Gesellschaft, an den jeweiligen Berechtigten einen bestimmten Betrag in Dollars auszuzahlen. Die einzelnen Schecks lauten von vorneherein auf bestimmte Beträge. Beim Ankauf hat sie der Erwerber in der linken oberen Ecke mit seinem Namenszug zu versehen. Wenn sie eingelöst oder in Zahlung gegeben werden sollen, hat der Inhaber sie in Gegenwart des Vertragsgegners in der linken unteren Ecke noch ein zweitesmal mit seinem Namenszug zu zeichnen. Bei einer Bank waren solche Schecks gekauft und von dem Erwerber mit seinem Namenszug versehen worden. Am folgenden Tag fragte der Erwerber bei der Bank an, ob zu dem Geschäft die Genehmigung der Devisenbewirtschaftungsstelle notwendig sei; als das bejaht wurde, machte er das Geschäft rückgängig. Beide Teile erstatteten das Empfangene zurück. Die Verurteilung des Geschäftsführers der Bank und des Erwerbers der Schecks wegen fahrlässigen Vergehens gegen die Devisenverordnung wurde bestätigt. Vorsatz hatte das Landgericht verneint, weil die Angeklagten sich in Unkenntnis über den außerstrafrechtlichen Begriff „Zahlungsmittel" befunden hätten. Das Reichsgericht erklärte diese Annahme für unrichtig. Richtig wäre sie gewesen, wenn die Devisenverordnung den Begriff „Zahlungsmittel" in seiner sich aus dem bürgerlichen Recht ergebenden allgemeinen Bedeutung stillschweigend übernommen hätte. Sie stellt aber selbständig fest, was unter Zahlungsmitteln zu verstehen ist. Um einen außerstrafrechtlichen Irrtum könnte es sich hiernach nur dann handeln, wenn die Angeklagten der Ansicht gewesen wären, die Travellerschecks fielen unter keinen der Unterbegriffe „Auszahlungen", „Anweisungen", „Schecks" oder Wechsel, die der Gesetzgeber unter der allgemeinen Begriffsbestimmung „Zahlungsmittel" zusammenfaßt. Das Landgericht hatte sie als Schecks im Sinne der Devisenverordnung angesehen und die Auffassung vertreten, die Travellerschecks seien schon vor Vollziehung der zweiten Unterschrift vollgültige Zahlungsmittel im Sinne der Devisenordnung, da der Erwerber sie jederzeit im Inland und Ausland hätte einlösen können, wobei er im Inland einen dem jeweiligen Dollarkurs entsprechenden Markbetrag ausbezahlt erhalten hätte. Das Reichsgericht erklärte, daß diese Frage offen bleiben könne, da das zwischen den Angeklagten abgeschlossene Rechtsgeschäft (Scheckvertrag) den Erwerb einer Forderung in ausländischer Währung im Sinne der Devisenverordnung darstellte. Es stand in der Macht des Erwerbers der Schecks, die Zahlung in einer beliebigen Währung von der Gesellschaft oder deren Zweigstellen zu verlangen; er hatte also unmittelbar durch den Abschluß des Geschäfts gegen Hingabe inländischer Zahlungsmittel einen Anspruch gegen die Gesellschaft auf Zahlung eines Betrags in ausländischer Währung erworben. Soweit es sich um die Entstehung dieser Forderung handelte, kam ein außerstrafrechtlicher Irrtum der Angeklagten nicht in Frage; sie hatten also vorsätzlich gehandelt und waren durch das Urteil, das nur auf fahrlässiges Vergehen lautete, nicht beschwert. (III, 27. Oktober 1932.)

Amtl. Sammlg. S. 401—404.

123. **Devisenhandel. Einziehung.** (DevNotVO. § 18; StPO. §§ 430 ff.) Die Strafprozeßordnung gibt Personen, die einen rechtlichen Anspruch auf den Gegenstand der Einziehung haben, kein Recht, in dem gegen eine bestimmte Person gerichteten Verfahren zur Wahrung ihrer Rechte aufzutreten und Rechtsmittel einzulegen. Das gilt auch für das Verfahren wegen Zuwiderhandlung gegen die Devisenverordnungen. Der durch die Einziehung Betrof-

fene ist also neben dem Beschuldigten nicht zu dem Verfahren zuzuziehen. (II, 3. November 1932.)

Amtl. Sammlg. S. 405.

Vgl. Bd. 34 S. 388; Bd. 63 S. 26; RGZ. Bd. 91 S. 237.

124. **Bankdepot. Unterschlagung. Fremde Wertpapiere.** (DepG. § 11; StGB. § 246.) Wertpapiere, die ein Bankier für einen Kunden aus dessen Mitteln und in dessen Auftrag gekauft, ihm aber mangels Mitteilung der Nummer oder Übergabe noch nicht zu Eigentum übertragen hat, sind nicht fremde Wertpapiere im Sinne des § 11 DepG. Im § 9 DepG. ist eine Verfügung über Wertpapiere nur für den Fall ausdrücklich mit Strafe bedroht, daß der Tatbestand des § 246 StGB. nicht erfüllt ist. Darunter fallen Verfügungen über Wertpapiere, die (besonders im Falle der Einkaufskommission) noch Eigentum des Verfügenden, also für ihn keine fremden Sachen sind. Der Tatsache, daß nicht die Verwirklichung des ganzen Tatbestandes der Unterschlagung in Frage kommt, entspricht es auch, daß gegenüber § 246 StGB. eine geringere Strafe angedroht ist. Die schwere Strafe des § 11 DepG. setzt das Vorliegen des vollen Tatbestandes der Unterschlagung voraus; das kommt dadurch zum Ausdruck, daß ausdrücklich fremde Wertpapiere als Gegenstand des Verbrechens bezeichnet sind. Unter fremden Wertpapieren sind nur solche zu verstehen, die nach bürgerlichem oder öffentlichem Recht nicht im Eigentum des Täters, sondern eines anderen stehen. (II, 10. November 1932.)

Amtl. Sammlg. S. 405—407.

Vgl. Bd. 34 S. 237; Bd. 61 S. 336; Bd. 64 S. 406.

125. **Urkundenfälschung. Falschbeurkundung. Strafausmaß.** (StGB. §§ 267, 268, 271, 272.) P. hatte von R. eine Schreibmaschine gemietet. Sie wurde gepfändet. Ohne R. hievon Mitteilung zu machen, reichte P. beim zuständigen Amtsgericht im Namen des R. einen Antrag auf Einstellung der Zwangsvollstreckung ein. Dem Antrag war beigefügt eine eidesstattliche Versicherung, worin R. erklärte, daß er Eigentümer der Schreibmaschine sei und sie an P. nur vermietet habe, außerdem eine mit dem Namen des R. unterzeichnete, auf P. lautende Prozeßvollmacht. Die Unterschriften unter der eidesstattlichen Versicherung und der Prozeßvollmacht hatte P. gefälscht. Die Zwangsvollstreckung wurde antragsgemäß eingestellt.

P. wurde wegen schwerer Urkundenfälschung in Tateinheit mit schwerer Falschbeurkundung verurteilt. Das Reichsgericht hob die Verurteilung wegen Urkundenfälschung auf. Der Angeklagte hatte allerdings durch die Einreichung der falschen Urkunden bewirkt, daß im Einstellungsbeschluß die zum Zwecke der Einstellung des Vollstreckungsverfahrens erforderliche, also rechtserhebliche Tatsache beurkundet wurde, der Einstellungsantrag sei von R. gestellt. Der Einstellungsbeschluß war aber nicht dazu bestimmt, zu öffentlichem Glauben die Tatsachen zu beurkunden, daß der Angeklagte befugtermaßen für R. als Prozeßbevollmächtigter aufgetreten und daß R. als Antragsteller anzusehen sei. Der § 271 StGB. dient dem Schutz der Beweiskraft öffentlicher Urkunden und greift daher nur soweit Platz, als die Beweiskraft der in Betracht kommenden öffentlichen Urkunden reicht. Aufgehoben wurde auch der Strafausspruch, weil nicht ausgeschlossen war, daß infolge des Wegfalls eines rechtlichen Gesichtspunkts eine mildere Strafe für angemessen erachtet wurde. (III, 14. November 1932.) Amtl. Sammlg. S. 407—409. Vgl. Bd. 11 S. 188, 314; Bd. 24 S. 308, 360; Bd. 39 S. 346; Bd. 41 S. 189, 201.

126. Betrug. Vermögensschädigung. Wechselverpflichtung. Abzahlungskauf. (StGB. § 263.) Ein Möbelhaus, das seine Waren auf Abzahlung verkaufte, verlangte von den Käufern, daß sie auf die vereinbarten Teilzahlungen Wechsel ausstellten. Als ein Käufer sich hierauf nicht einlassen wollte, erklärte ihm ein Angestellter des Hauses, es werde bei ihm eine Ausnahme gemacht, er brauche nur eine entsprechende Anzahl von Quittungen zu unterschreiben. Unter der Vorspiegelung, es handle sich um diese Quittungen, legte er ihm Wechselvordrucke vor; der Käufer unterschrieb sie, ohne zu bemerken, daß er Wechsel unterzeichnete. Das Landgericht sprach von der Anklage wegen Betrugs frei mit der Begründung, daß eine Vermögensbeschädigung nicht nachgewiesen sei. Das Reichsgericht verwies die Sache zurück. Der Kaufvertrag war ohne Verpflichtung zur Wechselhergabe zustandegekommen; die Übernahme von Wechselverbindlichkeiten stellte also eine Verpflichtung zu Leistungen dar, die der Käufer neben der Verpflichtung zur Zahlung des Kaufpreises übernahm,

ohne daß dafür ein Rechtsgrund bestand. Ob der Kaufpreis wegen der durch Täuschung erschlichenen Übernahme dieser Mehrleistung angefochten werden konnte, blieb dahingestellt; jedenfalls war er nicht ohne weiteres unwirksam. Die Wechselverpflichtung war von der Kaufpreisschuld rechtlich unabhängig. Der Schuldner konnte ihr gegenüber aus dem Kaufvertrag keine Einwendungen herleiten; nur Einreden aus dem Wechselrecht waren möglich, waren aber vom Wechselschuldner zu beweisen. Durch die Erfüllung der Kaufpreisschuld blieb die Wechselverbindlichkeit unberührt; der Käufer konnte nur einen Anspruch auf Befreiung von ihr erheben. Demnach wurde durch die nicht geschuldete Eingehung der Wechselverbindlichkeit die Rechtsstellung des Käufers verschlechtert. Daß die Einlösung des einzelnen Wechsels auch den entsprechenden Teil der Kaufpreisschuld zum Erlöschen brachte, machte nichts aus; bis zu diesem Zeitpunkt blieb eine Gefährdung des Vermögens des Käufers durch die nicht geschuldete Übernahme der Wechselverbindlichkeit neben der Kaufpreisschuld bestehen. Das genügte zum Nachweis einer Vermögensbeschädigung. (III, 17. November 1932.)
Amtl. Sammlg. S. 409—411.

127. **Einziehung. Zündwarensteuer. Plenarentscheidung.** (RAbgO. § 406; StGB. § 40; ZündwStO. §§ 4, 5, 6; GVG. § 136.) Am 27. Juni 1930 wurden in einem Verkaufgeschäft Zündwaren in Beschlag genommen, weil sie nicht vorschriftsgemäß bis zum 10. Juni zur Versteuerung angemeldet worden waren. Es wurde eine Strafe ausgesprochen, die Einziehung der Zündwaren aber entgegen dem Antrag der Steuerbehörde abgelehnt. Das führte zur Aufhebung des Urteils. In einem früheren Urteil hat allerdings der II. Strafsenat ausgesprochen, daß ein Zugriff der Zollbehörde auf die Zündwaren nur dann zulässig sei, wenn im Augenblick des Zugriffs die Nachsteuer schon hätte entrichtet sein müssen. Diese Auffassung wurde nicht festgehalten. Der Einziehung unterliegen alle steuerpflichtigen Erzeugnisse, bei denen den zur Erfüllung der Steuerpflicht getroffenen Vorschriften nicht Folge geleistet worden ist, also auch Erzeugnisse, die nicht innerhalb der vorgeschriebenen Frist zur Nachsteuer angemeldet worden sind. Die Worte: „unterliegen der Einziehung" sind nicht in dem Sinne zu verstehen, daß die

Einziehung in das Ermessen des Gerichts gestellt ist; sie muß vielmehr ausgesprochen werden, wenn die Voraussetzungen gegeben sind. Ob es auch eines Antrags der Steuerbehörde bedarf, konnte unentschieden bleiben. Eine Anrufung der vereinigten Strafsenate war nicht nötig, weil der II. Strafsenat die Einziehung aus einem anderen Grunde abgelehnt hatte. (I, 18. November 1932.)

Amtl. Sammlg. S. 411—417.

128. **Sitzungsprotokoll. Vermutung der Richtigkeit. Rechtsmittelerklärung.** (StGB. § 274.) Der Nachweis des Inhalts von Rechtsmittelerklärungen durch das Sitzungsprotokoll gestaltet sich verschieden, je nachdem sie nach Schluß der Hauptverhandlung im unteren Rechtszug oder im Laufe der Hauptverhandlung vor dem Obergerichte abgegeben worden sind. Im ersteren Fall liegt die Erklärung außerhalb der Hauptverhandlung und braucht also im Sitzungsprotokoll nicht beurkundet zu werden. Wird sie gleichwohl beurkundet, so gilt die Vermutung der Richtigkeit des Sitzungsprotokolls nicht für sie, da es nicht über eine für die Hauptverhandlung vorgeschriebene Förmlichkeit Auskunft gibt. Ebensowenig kann umgekehrt daraus, daß das Sitzungsprotokoll nichts über eine nach Schluß der Hauptverhandlung abgegebene Rechtsmittelerklärung enthält, geschlossen werden, daß eine solche nicht abgegeben worden sei. Wird aber die Erklärung (der Beschränkung des Rechtsmittels auf das Strafmaß) in der Hauptverhandlung vor dem Obergerichte abgegeben, so ist sie ein wesentlicher Teil der Hauptverhandlung und muß im Sitzungsprotokoll beurkundet werden; in diesem Fall gilt also die Vermutung der Richtigkeit des Sitzungsprotokolls auch für diese Erklärung. (I, 18. November 1932.) Amtl. Sammlg. S. 417—419.

Vgl. Bd. 1 S. 85; Bd. 2 S. 76; Bd. 53 S. 177; Bd. 65 S. 250.

129. **Glückspiel. Automat. Einziehung. Objektives Verfahren. Rechtsmittel. Einstellung. Gesetzesauslegung.** (StGB. §§ 40, 41, 42, 284 a, 284 b, 285; StPO. § 431.) In mehreren Wirtschaften wurden Glückspielautomaten aufgestellt. Der Eigentümer wurde bestraft; die Einziehung der Apparate wurde verfügt. Nachher wurden noch weitere Apparate beschlagnahmt. Der Eigentümer hatte sie für Darlehen, die er erhalten hatte, zur Siche-

rung übereignet. Das neuerdings gegen ihn eröffnete Verfahren wurde vom Berufungsgericht eingestellt, weil durch die frühere Verurteilung auch diese Taten mit erledigt worden seien; daneben wurde auf Einziehung der Apparate erkannt. Die Revision des Angeklagten hatte Erfolg. Er war berechtigt, sie einzulegen, da die Einziehung nicht im objektiven Verfahren erfolgt war; in diesem wären nur die Personen, denen der Angeklagte die Apparate übereignet hatte, zur Einlegung von Rechtsmitteln befugt gewesen, während im vorliegenden Fall ihnen eine solche Befugnis nicht zukam. Der persönliche Anspruch des Angeklagten auf Rückgabe der Apparate nach Wegfertigung des Darlehens änderte hieran nichts. Ein Übergang vom Verfahren gegen eine bestimmte Person zum Einziehungsverfahren ist nicht zulässig; im vorliegenden Fall wäre er erst recht nicht zulässig gewesen, weil das Verfahren schon beim Berufungsgericht anhängig war. Eine unter Außerachtlassung dieser Rechtslage erlassene Entscheidung wäre immerhin nicht ohne weiteres nichtig, sondern nur mit einem durch Einlegung des zulässigen Rechtsmittels geltend zu machenden Mangel behaftet gewesen. Maßgebend für die Frage, ob ein objektives Verfahren vorliegt, ist allein der Gang, den das Verfahren tatsächlich genommen hat. Das Verfahren, das durch das angefochtene Urteil zum Abschluß gekommen war, hatte sich gegen eine bestimmte Person, den Angeklagten, gerichtet. Diese Richtung verlor es nicht dadurch, daß neben der Einstellung auch eine Sicherungsmaßnahme ausgesprochen wurde. § 284 b StGB. läßt die Einziehung von Spieleinrichtungen nur in Verbindung mit einer Verurteilung zu; das ist zwar nicht ausgesprochen, ergibt sich aber aus der Begründung des Entwurfs. Auch wenn sich ein solcher Hinweis auf den Willen des Gesetzgebers nicht finden ließe, könnte nichts anderes gelten, da die selbständige (von einer Verurteilung losgelöste) Einziehung überall nur insoweit gestattet ist, als eine ausdrückliche gesetzliche Bestimmung sie erlaubt. Auf § 42 StGB. konnte die Einziehung gleichfalls nicht gestützt werden, weil die Apparate weder dem Täter noch einem Teilnehmer gehörten. Aber auch wenn der Angeklagte Eigentümer der Apparate gewesen wäre, hätte die Einziehung nicht ausgesprochen werden dürfen. Die selbständige Einziehung ist, soweit sie überhaupt zugelassen ist, nur gestattet, wenn die Verfolgung oder Verurteilung einer bestimmten Person nicht zulässig ist. Im vorliegenden Fall war aber der Angeklagte wegen der Aufstellung der in Frage stehenden Apparate schon verurteilt worden. Die Einziehung hätte also nur in dem früheren Urteil ausgesprochen werden können. Daß damals das Gericht von den Apparaten keine Kenntnis hatte, machte nichts aus. (II, 21. November 1932.)

Amtl. Sammlg. S. 419—424.

Vgl. Bd. 8 S. 349; Bd. 9 S. 14, 324; Bd. 19 S. 45; Bd. 22 S. 113; Bd. 32 S. 89, 124; Bd. 34 S. 388; Bd. 44 S. 315; Bd. 52 S. 283; Bd. 53 S. 79, 124; Bd. 54 S. 11 Bd. 56 S. 351.

130. **Gewalttätigkeit. Öffentliche Aufforderung. Tateinheit.** (RepSchG. § 5; RPrVO. vom 28. März 1931 § 2, vom 14. Juni 1932 § 11, vom 19. Dezember 1932 §§ 1, 12.) Die öffentliche Aufforderung zu Gewalttätigkeiten gegen andere wegen politischer Betätigung ist ausschließlich nach der Verordnung des Reichspräsidenten vom 28. März 1931 zu strafen; Tateinheit mit § 5 RepSchG. ist nicht möglich. Die strengere Strafe der Verordnung hat den ausgesprochenen Zweck, politischen Ausschreitungen schärfer als bisher zu begegnen; damit kommt zum Ausdruck, daß die schwerere Strafe dieser Verordnung ausschließlich zur Anwendung kommen soll, soweit die Tat nicht nach anderen Vorschriften mit einer höheren Strafe bedroht ist. (I, 22. November 1932.)

Amtl. Sammlg. S. 424—425.

Vgl. Bd. 63 S. 170.

131. **Verschmelzung von Aktiengesellschaften.** (HGB. §§ 305, 306, 314.) In den Generalversammlungen zweier Aktiengesellschaften vom 15. September 1930 wurde die Verschmelzung der beiden Gesellschaften mit Wirkung vom 1. September 1929 beschlossen. Dem für die übernehmende Gesellschaft angefertigten Geschäftsbericht war eine Übersicht über den Vermögensstand der aufgelösten Gesellschaft beigefügt. Diese Übersicht enthielt unwahre Angaben. Der Vorstand der übernehmenden Gesellschaft wurde hiewegen verurteilt. Seine Revision wurde verworfen. Auch wenn bei Verschmelzung zweier Aktiengesellschaften vereinbart wird, daß eine Liquidation des Vermögens der aufgelösten Gesellschaft nicht stattfinden soll, muß doch das Vermögen

dieser Gesellschaft während des Sperrjahres getrennt verwaltet werden. Das erfordert die gesonderte Aufstellung einer Bilanz nach Beendigung des Geschäftsjahres. Außerdem oblag es dem Angeklagten, der am 15. September 1930 zum Vorstand der übernehmenden Gesellschaft bestellt worden war, den Aktionären und den Gläubigern dieser Gesellschaft sowie Personen, die eine rechtliche Beziehung zu ihr unterhielten oder anknüpfen wollten, Aufklärung über den Vermögensstand der übernehmenden Gesellschaft zu geben. Hiezu waren alle Tatsachen und Umstände zu rechnen, die nach verständigem Ermessen bei Berücksichtigung der Verkehrsanschauung Bedeutung für die Beurteilung der gesamten Geschäftslage des Unternehmens hatten. Der in der Übersicht geschilderte Vermögensstand der aufgelösten Gesellschaft gehörte zu den bedeutsamen Tatsachen, weil er in hohem Maße geeignet war, die nunmehr einsetzende geschäftliche Entwicklung der übernehmenden Gesellschaft zu beeinflussen. Die Übersicht mußte daher bei der Prüfung der Frage, ob eine unwahre Tatsache oder Verschleierung vorlag, ins Auge gefaßt werden. (II, 24. November 1932.)

Amtl. Sammlg. S. 425—427.
Vgl. Bd. 37 S. 435; Bd. 38 S. 198; Bd. 41 S. 297; Bd. 45 S. 213; Bd. 64 S. 424.

132. Zuckersteuer. Einziehung. Kosten. (ZuckStG. § 4; RAbgO. §§ 396, 401, 403, 406, 414; RPrVO. vom 5. Juni 1931 Teil II Kap. II Art. 1.) Zucker, der nicht innerhalb der vorgeschriebenen Zeit zur Nachversteuerung angemeldet worden war, wurde beschlagnahmt. Der Eigentümer wurde von der Anklage der Steuerhinterziehung freigesprochen, da ihm kein fahrlässiges Verhalten nachzuweisen sei. Das Berufungsgericht erkannte auf Einziehung des Zuckers. Die Revision des Angeklagten hatte keinen Erfolg. Die Einziehung ist in der Reichsabgabenordnung genau geregelt. Die in den §§ 396, 401, 403 angeordnete Einziehung hat Strafcharakter; sie wird ausgesprochen neben Geld- oder Freiheitsstrafe und betrifft Gegenstände, hinsichtlich deren die strafbare Handlung begangen worden ist. Auch der Werterſatz oder die Geldsumme, auf die zu erkennen ist, wenn die Einziehung nicht vollzogen werden kann, sind Geldstrafen und sind, wenn sie nicht beigetrieben werden können, in Freiheitsstrafen umzuwandeln.

Nach § 414 kann auf Einziehung erkannt werden ohne Rücksicht darauf, wem die Gegenstände gehören und ob gegen eine bestimmte Person ein Strafverfahren eingeleitet wird. Diese Maßnahme hat, wenn sie den unschuldigen Eigentümer der Sache betrifft, keinen Strafcharakter; immerhin ist sie nur in Fällen zugelassen, in denen die äußeren und inneren Merkmale eines der in Betracht kommenden Straftatbestände von irgendeiner Person verwirklicht worden sind. Nach § 406 unterliegen der Einziehung steuerpflichtige Erzeugnisse, die im Handel nicht vorschriftsmäßig verpackt oder bezeichnet angetroffen werden oder die nicht vorschriftsmäßig versteuert worden sind. Dieser Einziehung fehlt der Strafcharakter vollständig. Die Vorschrift knüpft nur an den äußeren Tatbestand an; für ihre Anwendung ist es bedeutungslos, ob zugleich auf Strafe erkannt wird oder auch nur erkannt werden könnte; es handelt sich nur um eine Sicherungsmaßnahme. Auf diese Vorschrift war die Einziehung mit Recht gestützt worden. Bei steuerpflichtigen Erzeugnissen, die nicht vorschriftsmäßig versteuert worden sind, genügt es, wenn sie sich irgendwo im Verkehr befinden, um ihre Einziehung zu verfügen. Die Vorschrift, daß sie der Einziehung unterliegen, ist dahin auszulegen, daß sie einzuziehen sind. Die Staatsanwaltschaft und der Nebenkläger waren befugt, das Einziehungsverfahren allein weiterzubetreiben; der Angeklagte konnte dabei als Einziehungsbeteiligter auftreten und Rechtsmittel einlegen. Beschwert war er durch die Entscheidung nur insoferne, als ihm die Kosten des Einziehungsverfahrens auferlegt worden waren. Diese trafen die Staatskasse. (III, 24. November 1932.)

Amtl. Sammlg. S. 427—431.

Vgl. Bd. 22 S. 351; Bd. 44 S. 366; Bd. 46 S. 131; Bd. 57 S. 230; Bd. 60 S. 123; Bd. 65 S. 407; Bd. 66 S. 411.

133. **Versuchte Steuerhinterziehung. Einziehung. Gesetzesauslegung.** (RAbgO. §§ 396, 397, 401, 414.) Ein großer Posten Zigarren wurde gestohlen. Ein Teil davon wurde später bei den Dieben vorgefunden und dem Eigentümer zurückgegeben. Die Diebe wurden wegen Diebstahls in Tateinheit mit Steuerhinterziehung zu Gefängnisstrafen und Geldstrafen sowie zum Ersatz des Wertes der nicht mehr vorgefundenen Zigarren verurteilt. Auf Einziehung der noch vorgefundenen Zigarren zu erkennen

hatte das Landgericht abgelehnt, weil hinsichtlich ihrer nur Versuch der Steuerhinterziehung nachgewiesen sei, die Einziehung aber nur im Falle der vollendeten Steuerhinterziehung verfügt werden könne. Das Reichsgericht erklärte das für unrichtig. Die für die vollendete Tat angedrohte Strafe gilt nach § 397 RAbgO. auch für den Versuch. Unter Strafe im Sinne dieser Vorschrift ist auch die Einziehung zu verstehen. Die Einziehung ist, wenn ihre Voraussetzungen vorliegen, auch dann auszusprechen, wenn die beschlagnahmen Gegenstände einer an der Steuerhinterziehung unbeteiligten Person gehören; die Härte, die hierin liegen kann, entspricht dem Willen des Gesetzgebers, der den Belangen des Abgabegläubigers einen besonders wirksamen Schutz gewähren will. Die Auffassung, daß die Einziehung im Ermessen des Gerichts steht, läßt sich zwar mit dem Wortlaut, nicht aber mit dem Sinne des Gesetzes in Einklang bringen. Die Fassung des § 414 RAbgO. („kann erkannt werden") will nur zum Ausdruck bringen, daß es gleichgültig ist, wem die einzuziehenden Gegenstände gehören. (III, 24. November 1932.) Amtl. Sammlg. S. 431—434.
Vgl. Bd. 28 S. 122; Bd. 62 S. 49; Bd. 63 S. 278; Bd. 66 S. 341, 411, 427.

134. Auswärtige Strafkammer. Vorsitzender. Ständige Berufung. Verhinderung. Abgeordneter. (GVG. § 78.) Zum Vorsitzenden einer bei einem Amtsgericht gebildeten Strafkammer wurde für das Jahr 1932 ein Landgerichtsdirektor bestellt, der Reichstagsabgeordneter war. Das widersprach dem Gesetz nicht schon deshalb, weil der Vorsitzende durch seine Tätigkeit als Abgeordneter vielfach an der Führung des Vorsitzes verhindert war; wohl aber lag eine ständige Berufung, wie sie das Gesetz vorschreibt, deshalb nicht vor, weil sie auf die Dauer des Geschäftsjahres 1932 beschränkt war. Sie war auch nicht wenigstens für das Geschäftsjahr 1932 wirksam. Die Ständigkeit der Berufung soll eine Gewähr für weitgehende Unabhängigkeit des ordentlichen Vorsitzenden schaffen. Eine solche Gewähr liegt nicht vor, wenn der Vorsitzende gewärtigen muß, unter Umständen nach Ablauf des Geschäftsjahres nicht wieder mit dem Vorsitz betraut zu werden. Nachdem die Strafkammer keinen gesetzmäßigen ordentlichen Vorsitzenden hatte, war sie im ganzen gesetzwidrig besetzt; eine vor-

schriftsmäßige Besetzung war auch dann nicht anzuerkennen, wenn nicht der ungesetzlich ernannte Vorsitzende, sondern an seiner Statt der an sich gesetzmäßig ernannte stellvertretende Vorsitzende mitwirkte. (I, 25. November 1932.) Amtl. Sammlg. S. 435—436.
Vgl. Bd. 9 S. 387; Bd. 55 S. 236; Bd. 56 S. 157; RGZ. Bd. 119 S. 280; Bd. 131 S. 31.

Gesetzesregister.

Seitenzahlen der amtlichen Sammlung.

Sachregister.

FSC
www.fsc.org
MIX
Papier | Fördert gute Waldnutzung
FSC® C083411

Kolibri 360 GmbH
Ferdinand-Jühlke-Straße 7
99095 Erfurt, Deutschland
produktsicherheit@kolibri360.de